I0019332

Wissam KHALIL

Expression de contraintes globales dans les documents semi-structurés

Wissam KHALIL

Expression de contraintes globales dans les documents semi-structurés

La logique TQL

Éditions universitaires européennes

Mentions légales/ Imprint (applicable pour l'Allemagne seulement/ only for Germany)
Information bibliographique publiée par la Deutsche Nationalbibliothek: La Deutsche Nationalbibliothek inscrit cette publication à la Deutsche Nationalbibliografie; des données bibliographiques détaillées sont disponibles sur internet à l'adresse http://dnb.d-nb.de.

Photo de la couverture: www.ingimage.com

Editeur: Éditions universitaires européennes est une marque déposée de
Südwestdeutscher Verlag für Hochschulschriften Aktiengesellschaft & Co. KG
Dudweiler Landstr. 99, 66123 Sarrebruck, Allemagne
Téléphone +49 681 37 20 271-1, Fax +49 681 37 20 271-0
Email: info@editions-ue.com

Produit en Allemagne:
Schaltungsdienst Lange o.H.G., Berlin
Books on Demand GmbH, Norderstedt
Reha GmbH, Saarbrücken
Amazon Distribution GmbH, Leipzig
ISBN: 978-613-1-53122-4

Imprint (only for USA, GB)
Bibliographic information published by the Deutsche Nationalbibliothek: The Deutsche Nationalbibliothek lists this publication in the Deutsche Nationalbibliografie; detailed bibliographic data are available in the Internet at http://dnb.d-nb.de.

Cover image: www.ingimage.com

Publisher: Éditions universitaires européennes is an imprint of the publishing house
Südwestdeutscher Verlag für Hochschulschriften Aktiengesellschaft & Co. KG
Dudweiler Landstr. 99, 66123 Saarbrücken, Germany
Phone +49 681 37 20 271-1, Fax +49 681 37 20 271-0
Email: info@editions-ue.com

Printed in the U.S.A.
Printed in the U.K. by (see last page)
ISBN: 978-613-1-53122-4

À
Zaynab et Laya

Merci !

Je tiens à manifester ma plus profonde et sincère reconnaissance envers Mme Françoise GIRE pour m'avoir offert la possibilité de réaliser ce travail. Les nombreux échanges scientifiques avec elle m'ont permis de découvrir et apprécier un champ d'investigation nouveau pour moi. Sa rigueur scientifique et ses conseils avisés m'ont aidée et motivée dans la réalisation de ce travail. Pour tout cela, merci.

Expression de contraintes globales dans les documents semi-structurés

La logique TQL (Tree Query Language) proposée par Cardelli et Ghelli est un langage logique, de type déclaratif, permettant d'exprimer des propriétés sur les documents semi-structurés. En utilisant la logique TQL nous pouvons caractériser certains langages d'arbres comme par exemple les langages d'arbres réguliers à arités non bornées. Dans ce travail, notre objectif est d'enrichir cette logique afin de pouvoir exprimer des propriétés des langages d'arbres hors-contexte, des langages d'arbres synchronisés réguliers et des langages d'arbres synchronisés hors-contexte.

Expression of global constraints on the semistructured documents

The TQL logic (Tree Query Language) proposed by Cardelli and Ghelli is a logical declarative language, allowing to express properties on the semistructured documents. By using TQL logic we can characterize certain languages of trees such as for example the regular languages with unbound-arity. In this work, our objective is to enrich this logic in order to be able to express properties of the context-free tree languages, synchronized regular tree languages and synchronized context-free tree languages.

Table des matières

Chapitre 1

Introduction

L'arbre est une structure de données très utilisée en informatique, c'est une structure hiérarchique, basée sur une relation de successeur père-fils. Les documents XML (eXtensible Markup Language), sont modélisables par des arbres à arités non bornées. Cela signifie que les nœuds peuvent avoir un nombre non bornée à priori de fils.

L'expression de contraintes pour des documents XML est faite dans les standards du W3C (World Wide Web Consortium) au moyen de DTDs (Document Type Definition) qui sont modélisables par des automates rationnels d'arbres. Les automates rationnels d'arbres ne peuvent cependant exprimer qu'un nombre limité de contraintes de structure. Dans la pratique, on peut vouloir exprimer des contraintes de structure plus complexes :

- imposer des contraintes horizontales qui ne sont pas exprimables par des expressions rationnelles.
- imposer des contraintes globales, par exemple, imposer une relation spécifique entre deux ou plusieurs sous arbres distincts du document.

Ce travail est composé de cinq parties : La première partie est une introduction générale. Dans la deuxième partie j'ai mis quelques définitions préliminaires utiles dans la suite de la mémoire.

Les grammaires d'arbres (régulières, hors-contexte, synchronisées régulières et synchronisées hors-contexte), permettant d'exprimer des contraintes sur les arbres à arité bornées, sont traitées dans la troisième partie, alors que la quatrième partie traite la logique TQL (Tree Query Language) qui permet d'exprimer des contraintes sur les arbres à arité non bornées, en particulier, d'obtenir une caractérisation sur les langages d'arbres réguliers à arité non bornées.

Finalement, la dernière partie est reservée pour enrichir la logique TQL par des nouvelles syntaxes et sémantiques permettant d'exprimer ce type de contraintes plus sophistiquées avec les arbres à arité non bornées.

Chapitre 2

Préliminaires

2.1 Théorie du premier ordre

Un théorie du premier ordre consiste en un alphabet, un langage du premier ordre, un ensemble d'axiomes et un ensemble de règles. [12, 16]

2.1.1 Alphabet

Un langage du premier ordre est constitué à partir d'un alphabet logique (vocabulaire) comprenant sept catégories de symboles :

1. un ensemble de symboles de variables $\mathfrak{x} = \{x, y, z, ...\}$
2. un ensemble de symboles de fonctions, ayant chacun une arité > 0 spécifiant le nombre d'arguments du symbole de fonction : $\mathfrak{f} = \{f, g, h, ...\}$
3. un ensemble de symboles de constantes (fonctions d'arité 0) $\mathfrak{c} = \{a, b, c, ...\}$
4. un ensemble de symboles de prédicats, ayant chacun une arité ≥ 0 spécifiant le nombre d'arguments du symbole de prédicat : $\mathfrak{p} = \{P, Q, R, ...\}$
5. un ensemble de symboles de connecteurs logiques $\wedge \vee \Rightarrow \Leftrightarrow \neg$
6. un ensemble de symboles de quantificateurs $\forall \exists$
7. un ensemble de symboles de ponctuations ( ) , .

2.1.2 Terme

L'ensemble des termes $\mathfrak{t}(\mathfrak{f}, \mathfrak{x})$ (construits à partir des fonctions et variables) notés $t, u, ...$ est défini comme suit :

- les variables sont des termes.
- les constantes sont des termes.
- si $t_1, ..., t_n$ sont des termes, et si f est un symbole de fonction n-aire alors $f(t_1, ..., t_n)$ est un terme.
- un **terme clos** est un terme qui ne contient pas de variables.

Exemple 1

$t = f(x, g(f(y, a)))$ est un terme.
$u = g(f(a, b), c)$ est un terme clos.

2.1.3 Formule

L'ensemble des formules notées $\varphi, \psi, \ldots$ est défini comme suit :

- si $t_1, \ldots, t_n$ sont des termes, et si P est un symbole de prédicat n-aire alors $P(t_1, \ldots, t_n)$ est un **atome (formule atomique)**, on utilisera $A, B, \ldots$ pour noter ces atomes.
- un **atome clos** est un atome qui ne contient pas de variables.
- si φ et ψ sont des formules alors $\neg\varphi, \varphi \wedge \psi, \varphi \vee \psi, \varphi \Rightarrow \psi, \varphi \Leftrightarrow \psi$ sont des formules.
- si φ est une formule, et si x est une variable alors $\exists x\varphi$ et $\forall x\varphi$ sont des formules.

Exemple 2

$A = Q(g(x))$ est un atome (formule atomique).
$B = P(f(a,c), g(b), f(g(c), b))$ est un atome clos.
$C = \forall x(P(b,a) \wedge Q(g(x)))$ est une formule.

2.1.4 Représentation par des arbres

Nous pouvons représenter les termes et les formules par des arbres, les feuilles de ces arbres étant les éléments de base (constantes, variables).

Exemple 3

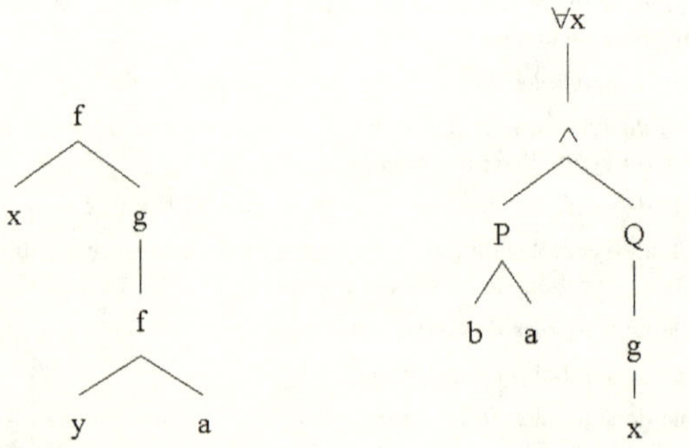

terme
$f(x, g(f(y,a)))$

formule
$\forall x(P(b,a) \wedge Q(g(x)))$

2.1.5 Variables liées et variables libres

La distinction entre variable liée et variable libre est importante. Une variable liée ne possède pas d'identité propre et peut être remplacée par n'importe quel autre nom de variable qui n'apparaît pas dans la formule.

- l'ensemble des variables libres d'une formule φ est l'ensemble des variables qui apparaissent dans φ sans être capturées par un quantificateur.

- l'ensemble des variables liées d'une formule φ est l'ensemble des variables capturées dans φ par un quantificateur.
- une formule dont toutes les variables sont liées est dite **formule close**.

Exemple 4

$\exists x(x < y)$: x est une variable liée alors que y est une variable libre.
$\exists x(x < y)$ est identique à $\exists z(z < y)$ mais pas à $\exists x(x < z)$ ni à $\exists y(y < y)$.

$\exists x((A \text{ et } \exists xB) \text{ ou } C)$: les occurences de x dans la partie A et C sont des occurences de la variable déclarée par le premier quantificateur, alors que les occurences de x dans la partie B sont des occurences de la variable du second quantificateur.

$\forall x \exists y(x < y)$ est une formule close.

2.1.6 Substitution

Une substitution remplace chaque occurence libre d'une variable x dans une formule φ par une copie du terme t. On note $(t|_x)\varphi$.

Exemple 5

$\varphi \equiv x + 0 = x$
$t \equiv a + b$
$(t|_x)\varphi \equiv a + b + 0 = a + b.$

2.1.7 Clôture

Si φ est une formule, alors $\forall(\varphi)$ dénote la clôture universelle de φ, qui est la formule close obtenue en ajoutant un quantificateur universel pour toute variable ayant une occurence libre dans φ. De la même façon, $\exists(\varphi)$ dénote la clôture existentielle de φ, qui est obtenue en ajoutant un quantificateur existentiel pour toute variable ayant une occurence libre dans φ.

Exemple 6

Si φ est $P(x,y) \wedge Q(x)$ alors $\forall(\varphi)$ est $\forall x \forall y(P(x,y) \wedge Q(x))$ alors que $\exists(\varphi)$ est $\exists x \exists y(P(x,y) \wedge Q(x))$.

2.1.8 Littéral

Un littéral est un atome (littéral positif), ou la négation d'un atome (littéral négatif).

2.1.9 Clause

- Nous appelons clause toute formule de la forme

$$\forall x_1, ..., \forall x_n(A_1 \vee ... \vee A_p \vee \neg B_1 \vee ... \vee \neg B_q)$$

où A_i, B_j désignent des atomes, et $x_1, ..., x_n$ sont toutes les variables apparaissant dans ces littéraux.

- la **notation clausale** de la clause précédente est de la forme

$$\forall x_1, ..., \forall x_n(A_1 \vee ... \vee A_p \leftarrow B_1 \wedge ... \wedge B_q)$$

plus simplement

$$A_1, ..., A_p \leftarrow B_1, ..., B_q$$

où les virgules dans l'antécédant $B_1, ..., B_q$ *dénotent la conjonction et les virgules dans la conséquence* $A_1, ..., A_p$ *dénotent la disjonction.* $A_1, ..., A_p$ *constitue la tête de cette clause ;* $B_1, ..., B_q$ *en constitue le corps.*

- Les **clauses disjonctives** sont les clauses dont la tête est la disjonction de plusieurs atomes ($p > 1$)

$$A_1, ..., A_p \leftarrow B_1, ..., B_q$$

- Les **clauses de Horn** sont les clauses non disjonctives ($p \leq 1$).
La tête d'une clause de Horn est :
  - Soit réduite à un seul atome ($p = 1$), c'est alors une **clause définie**

$$A \leftarrow B_1, ..., B_q$$

*Dans le cas particulier où le corps est vide ($q = 0$), c'est une **clause unité** (ou fait)*

$$A \leftarrow$$

  - Soit vide ($p = 0$), c'est alors un **but défini** et les B_i sont ses sous-buts

$$\leftarrow B_1, ..., B_q$$

*Dans le cas particulier où le corps est également vide ($q = 0$), c'est la **clause vide**.*

2.1.10 Langage du premier ordre

Le langage du premier ordre donné par un alphabet est l'ensemble de toutes les formules construites à partir des symboles de l'alphabet.

2.1.11 Axiomes et règles

Les axiomes sont un sous-ensemble désigné des formules bien formées. Les règles sont des formules du premier ordre de la forme $A \leftarrow B$ où A est un atome et B est une formule du premier ordre.

2.2 La programmation logique

La programmation logique est une forme de programmation qui définit les applications d'une manière déclarative à l'aide d'un ensemble de règles logiques qui formule le problème à résoudre, au lieu d'écrire un programme (suite d'instructions) impératif indiquant de manière explicite comment résoudre ce problème. [12]

2.2.1 Programmes logiques

Un programme logique est un ensemble fini de règles de programme : c'est une conjonction de clauses de Horn, il contient des clauses définies et des buts définis mais pas des clauses disjonctives. Un prédicat P est défini par le programme par l'ensemble de toutes les règles de ce programme, qui comportent P dans leur tête.

La signification de la clause définie $A \leftarrow B_1, ..., B_q$ ($\equiv \forall x_1, ..., \forall x_n(A \leftarrow B_1 \wedge ... \wedge B_q)$), peut être exprimée par : "*pour chaque instanciation des variables $x_1, ..., x_n$, A est Vrai si $B_1, ..., B_q$ sont tous Vrais*". Une clause unité (cas où $q = 0$) est de la forme $A \leftarrow$, peut être interprété par : "*pour chaque instanciation des variables $x_1, ..., x_n$, A est Vrai*".

La signification du but défini $\leftarrow B_1, ..., B_q$, est : "*si, pour au moins une instanciation des variables $x_1, ..., x_n$, les sous-buts $B_1, ..., B_q$ sont tous Vrais, alors on peut déduire la valeur de vérité Faux*". La clause vide (cas où $q = 0$) a la valeur de vérité *Faux*.

2.3 Modèles de *Herband*

Un modèle de *Herbrand* d'un ensemble de formules est une interprétation de *Herbrand* qui est un modèle de toutes les formules de l'ensemble. [12]

2.3.1 Univers de *Herbrand*

L'univers de *Herbrand* $\mathcal{U}_{\mathcal{H}_\infty}$ (ou domaine de *Herbrand*) est l'ensemble de tous les termes clos construits à partir des constantes et des symboles de fonctions apparaissant dans l'ensemble de clauses. Dans l'univers de *Herbrand* nous parlons d'un ensemble de niveaux ($\mathcal{U}_{\mathcal{H}_0}, \mathcal{U}_{\mathcal{H}_1}, ..., \mathcal{U}_{\mathcal{H}_\infty}$). $\mathcal{U}_{\mathcal{H}_0}$ est constitué par :

1. L'ensemble de constantes apparaissant dans l'ensemble de clauses, si aucune constante n'apparaît $\mathcal{U}_{\mathcal{H}_0} = \{a\}$, où a est une constante choisie arbitrairement.
2. Tous les symboles de fonctions figurant dans les clauses, on leur donne comme argument les constantes mentionnées en 1.

On obtient $\mathcal{U}_{\mathcal{H}_{i+1}}$ à partie de $\mathcal{U}_{\mathcal{H}_i}$ en formant l'union de $\mathcal{U}_{\mathcal{H}_i}$ et l'ensemble de tous les termes de la forme $f(t_1, ..., t_n)$ où les t_i prennent leurs valeurs dans $\mathcal{U}_{\mathcal{H}_i}$.

Exemple 7

Considérons le programme

$P(f(X)) \leftarrow P(X)$

$P(b) \leftarrow$

$\mathcal{U}_{\mathcal{H}_0} = \{b, f(b)\}$

$\mathcal{U}_{\mathcal{H}_1} = \{b, f(b), f(f(b))\}$

$\mathcal{U}_{\mathcal{H}_\infty} = \{b, f(b), f(f(b)), f(f(f(b))), ...\}$

Exemple 8

Considérons le programme
$Q(f(X),g(X)) \leftarrow P(X)$
$P(X) \leftarrow$

$\mathcal{U}_{\mathcal{H}_0} = \{a, f(a), g(a)\}$
$\mathcal{U}_{\mathcal{H}_1} = \{a, f(a), g(a), f(f(a)), f(g(a)), g(f(a)), g(g(a))\}$
$\mathcal{U}_{\mathcal{H}_\infty} = \{a, f(a), g(a), f(f(a)), f(g(a)), g(f(a)), g(g(a)), f(f(f(a))), f(f(g(a))), ...\}$

2.3.2 Base de *Herbrand*

La base de *Herbrand* $\mathcal{B}_\mathcal{H}$ est l'ensemble de tous les atomes clos qui peuvent être formés en utilisant les symboles de prédicats apparaissant dans l'ensemble de clauses, avec les termes clos de l'univers de *Herbrand* comme arguments.

Exemple 9

La base de *Herbrand* de l'**Exemple 8** est
$\mathcal{B}_\mathcal{H} = \{P(a), Q(a,a), P(f(a)), P(g(a)), Q(a, f(a)), Q(f(a), a), Q(f(a), f(a)), ...\}$

2.3.3 Interprétation de *Herbrand*

Pour être capable de dire si une formule est vraie ou fausse, il est nécessaire de donner d'abord une signification à chacun des symboles de la formule. Les différents quantificateurs et connecteurs ont une sémantique fixe, mais les sémantiques des constantes, des symboles de fonctions et de prédicats restent à définir. Une interprétation consiste simplement en un domaine d'étude dans lequel les variables prennent leur valeur, l'assignation à chaque symbole de fonction d'une application sur le domaine et l'assignation à chaque symbole de prédicat d'une relation sur le domaine.

Une interprétation de *Herbrand* $\mathcal{I}_\mathcal{H}$ est donnée par les éléments suivants :

- Le domaine de l'interprétation est l'univers de *Herbrand* $\mathcal{U}_{\mathcal{H}_\infty}$.
- Les constantes sont interprétées par elles-mêmes dans $\mathcal{U}_{\mathcal{H}_\infty}$.
- Chaque symbole fonctionnel f d'arité n a pour image l'application de $\mathcal{U}^n_{\mathcal{H}_\infty}$ dans $\mathcal{U}_{\mathcal{H}_\infty}$ qui à $t_1, ..., t_n$ associe $f(t_1, ..., t_n)$.
- Pour chaque symbole de prédicat P, on associe une partie $\mathcal{U}^n_{\mathcal{H}_\infty}$: $\mathcal{I}_\mathcal{H}(P) \subset \mathcal{U}^n_{\mathcal{H}_\infty}$.

Ainsi deux interprétations de *Herbrand* ne diffèrent l'une de l'autre que par l'interprétation qu'elles donnent aux symboles de prédicats.

2.3.4 Valuation

Soit $\mathcal{I}_\mathcal{H}$ une interprétation de *Herbrand*, une valuation δ est une application de $\mathfrak{x}$ dans $\mathcal{U}_{\mathcal{H}_\infty}$ associant un terme clos de $\mathcal{U}_{\mathcal{H}_\infty}$ à toute variable x de $\mathfrak{x}$. une valuation δ est étendue en une application de $\mathfrak{t}(\mathfrak{f}, \mathfrak{x})$ dans $\mathcal{U}_{\mathcal{H}_\infty}$ en utilisant la définition inductive suivante :
$\forall f$ d'arité n, $\forall t_1, ..., t_n \in \mathcal{U}_{\mathcal{H}_\infty}$, $\delta(f(t_1, ..., t_n)) = f(\delta(t_1), ..., \delta(t_n))$.

On peut alors donner à une formule φ, une valeur de vérité, Vraie ou Faux, (relativement à $\mathcal{I_H}$ et δ) de la manière suivante :

- Si $\varphi = P(t_1, ..., t_n)$ alors, φ est Vraie si et seulement si $(\delta(t_1), ..., \delta(t_n)) \in \mathcal{I_H}(P)$.
- Si $\varphi = \neg\psi$ alors, φ est Vraie si et seulement si ψ est Faux.
- Si $\varphi = \psi_1 \wedge \psi_2$ alors, φ est Vraie si et seulement si ψ_1 et ψ_2 sont Vraies.
- Si $\varphi = \psi_1 \vee \psi_2$ alors, φ est Vraie si et seulement si ψ_1 est Vraie ou ψ_2 est Vraie.
- Si $\varphi = \psi_1 \Rightarrow \psi_2$ alors, φ est Faux si et seulement si ψ_1 est Vraie et ψ_2 est Faux.
- Si $\varphi = \psi_1 \Leftrightarrow \psi_2$ alors, φ est Vraie si et seulement si ψ_1 et ψ_2 sont Vraies ou Faux.
- Si $\varphi = \exists\, x\ \psi$ alors, φ est Vraie s'il existe $d \in \mathcal{U}_{\mathcal{H}_\infty}$ tel que ψ est Vraie selon $\mathcal{I_H}$ et δ_d où δ_d est une valuation définie par :

$$\begin{cases} \delta_d(x) = d \\ \delta_d(y) = \delta(y)\ \forall\, y \in \mathfrak{x}\backslash\{x\} \end{cases}$$

- Si $\varphi = \forall\, x\ \psi$ alors, φ est Vraie si et seulement si $\neg\exists\, x \neg\varphi$ est Vraie.

2.3.5 Modèle d'un ensemble de formules

Une interprétation $\mathcal{I_H}$ est **un modèle d'une formule** φ si et seulement si φ est vraie relativement à $\mathcal{I_H}$ pour **toute** valuation δ.

Une interprétation $\mathcal{I_H}$ est **un modèle d'un ensemble $\mathfrak{C}$ de formules** si et seulement si $\mathcal{I_H}$ est un modèle de **toute** formule φ de $\mathfrak{C}$.

2.3.6 Plus petit modèle de *Herbrand*

Tout programme logique $\mathfrak{P}$ admet $\mathcal{M}$ comme modèle de *Herbrand*, où $\mathcal{M}$ est l'interprétation qui rend vraie tous les atomes de la base de *Herbrand*. L'ensemble de tous les modèles de *Herbrand* de $\mathfrak{P}$ est non vide. Ainsi l'intersection de tous les modèles de *Herbrand* de $\mathfrak{P}$ est encore un modèle de $\mathfrak{P}$, appelé le plus petit modèle de *Herbrand*. On le note $\mathcal{M}_{\mathfrak{P}}$.

2.4 Théorie des points fixes

Soit f une application d'un ensemble $\mathfrak{e}$ dans lui-même. Un point fixe de f est un élément x de $\mathfrak{e}$ telque $f(x) = x$. [1, 8, 12]

2.4.1 Ensemble ordonné

Soit $\mathfrak{e}$ un ensemble et $\preccurlyeq$ une relation sur cet ensemble. On dit que $\preccurlyeq$ est une **relation d'ordre** sur $\mathfrak{e}$ si et seulement si elle possède les trois propriétés suivantes :

1. Réfléxivité : $\forall x \in \mathfrak{e},\ x \preccurlyeq x$.
2. Antisymétrie : $\forall x, y \in \mathfrak{e},\ x \preccurlyeq y\ et\ y \preccurlyeq x\ \Rightarrow\ x = y$.
3. Transitivité : $\forall x, y, z \in \mathfrak{e},\ x \preccurlyeq y\ et\ y \preccurlyeq z\ \Rightarrow\ x \preccurlyeq z$.

Lensemble $\mathfrak{e}$ muni de la relation $\preccurlyeq$, que l'on note $(\mathfrak{e}, \preccurlyeq)$, est alors dit ensemble ordonné.

2.4.2 Minorant

Soit $(\mathfrak{e}, \preccurlyeq)$ un ensemble ordonné, un élément x de $\mathfrak{e}$ est un minorant d'une partie $\mathfrak{a}$ de $\mathfrak{e}$ si $x \preccurlyeq y$, pour tout élément y de $\mathfrak{a}$.

2.4.3 Borne inférieure

Soient $(\mathfrak{e}, \preccurlyeq)$ un ensemble ordonné et $\mathfrak{a}$ une partie de $\mathfrak{e}$. La borne inférieure de $\mathfrak{a}$ dans $\mathfrak{e}$ "$\perp$" est le plus grand élément (s'il existe) de l'ensemble des minorants de $\mathfrak{a}$ dans $\mathfrak{e}$. La borne inférieure de $\mathfrak{a}$, si elle existe, est unique et se note $\inf(\mathfrak{a})$.

2.4.4 Minimum

Soit $(\mathfrak{e}, \preccurlyeq)$ un ensemble ordonné, un élément min de $\mathfrak{e}$ est appelé minimum ou plus petit élément de $\mathfrak{e}$ si et seulement si $\forall x \in \mathfrak{e}, min \preceq x$.

2.4.5 Majorant

Soit $(\mathfrak{e}, \preccurlyeq)$ un ensemble ordonné, un élément x de $\mathfrak{e}$ est un majorant d'une partie $\mathfrak{a}$ de $\mathfrak{e}$ si $y \preccurlyeq x$, pour tout élément y de $\mathfrak{a}$.

2.4.6 Borne supérieure

Soient $(\mathfrak{e}, \preccurlyeq)$ un ensemble ordonné et $\mathfrak{a}$ une partie de $\mathfrak{e}$. La borne supérieure de $\mathfrak{a}$ dans $\mathfrak{e}$ est le plus petit élément (s'il existe) de l'ensemble des majorants de $\mathfrak{a}$ dans $\mathfrak{e}$. La borne supérieure de $\mathfrak{a}$, si elle existe, est unique et se note $\sup(\mathfrak{a})$.

2.4.7 Maximum

Soit $(\mathfrak{e}, \preccurlyeq)$ un ensemble ordonné, un élément max de $\mathfrak{e}$ est appelé maximum ou plus grand élément de $\mathfrak{e}$ si et seulement si $\forall x \in \mathfrak{e}, x \preceq max$.

2.4.8 Treillis

Un ensemble ordonné $(\mathfrak{e}, \preccurlyeq)$ est appelé un treillis si toute paire d'éléments de $\mathfrak{e}$ admet une borne supérieure et une borne inférieure.

2.4.9 Treillis complet

Un treillis $(\mathfrak{e}, \preccurlyeq)$ est complet si et seulement si pour tout sous-ensemble $\mathfrak{a}$ de $\mathfrak{e}$, $\mathfrak{a}$ possède une borne supérieure et une borne inférieure.

2.4.10 Application monotone

Soient $(\mathfrak{e}_1, \preccurlyeq_1)$ et $(\mathfrak{e}_2, \preccurlyeq_2)$ deux ensembles ordonnés. Une application f de $\mathfrak{e}_1$ dans $\mathfrak{e}_2$ est dite monotone si et seulement si

$$\forall x, y \in \mathfrak{e}_1 \quad x \preccurlyeq_1 y \Rightarrow f(x) \preccurlyeq_2 f(y).$$

On dit que f est un homomorphisme de l'ensemble $(\mathfrak{e}_1, \preccurlyeq_1)$ dans $(\mathfrak{e}_2, \preccurlyeq_2)$.

2.4.11 Application continue

Soient $(\mathfrak{e}, \preccurlyeq)$ un treillis complet et f une application de $\mathfrak{e}$ dans lui même. Soit $X \subseteq \mathfrak{e}$ tel que tout sous-ensemble de X a une borne supérieure dans X. On dit que f est continue si $f(\sup(X)) = \sup(f(X))$ pour tout X.

2.4.12 Points fixes

Soit $(\mathfrak{e}, \preccurlyeq)$ un ensemble ordonné, alors l'ensemble des points fixes de f est un sous-ensemble ordonné de $\mathfrak{e}$, éventuellement vide. Si ce sous-ensemble admet un élément minimum, on l'appellera le plus petit point fixe de f, et s'il admet un élément maximum, on l'appellera le plus grand point fixe de f.

Théorème. Si f est une application monotone et continue d'un treillis complet dans lui-même, alors f a un plus petit point fixe et un plus grand point fixe.

Preuve.

Vérifions que f a un plus petit point fixe.
Soient $X = \{x \in \mathfrak{e} : f(x) \preccurlyeq x\}$ et $a = \inf(X)$. Par définition de a, on a $\forall x \in X$, $a \preccurlyeq x$ d'où puisque f est monotone, $f(a) \preccurlyeq f(x)$, et comme $f(x) \preccurlyeq x$, alors $f(a) \preccurlyeq f(x) \preccurlyeq x$.
$f(a)$ est donc un minorant de X d'où $f(a) \preccurlyeq a = \inf(X)$. Comme f est monotone, on déduit que $f(f(a)) \preccurlyeq f(a)$ d'où $f(a) \in X$ et donc $a = \inf(X) \preccurlyeq f(a)$.
$f(a) \preccurlyeq a$ et $a \preccurlyeq f(a)$ alors $a = f(a)$; a est un point fixe de f.
Si o est un autre point fixe, $o \in X$ et donc $a \preccurlyeq o$.
Nous montrons de même que $b = \sup(\{x \in \mathfrak{e} : x \preccurlyeq f(x)\})$ est le plus grand point fixe de f.

□

Proposition. Le plus petit point fixe admet une autre caractérisation. Soient L un treillis complet et $T : L \to L$ une application monotone. Alors on définit :
$T \uparrow 0 = \perp$
$T \uparrow i = T(T \uparrow (i-1))$

Soient L un treillis complet et $T : L \to T$ une application continue. Alors le plus petit point fixe de $T = T \uparrow \omega = \bigcup_{i \geq 0} T^i(\perp)$.

Chapitre 3

Les langages d'arbres à arité bornées

3.1 Modèle d'arbres

L'arbre est une structure de données non linéaire, très utilisée en informatique. C'est une structure hiérarchique, basée sur une relation de successeur père-fils.

Certaines familles d'arbres sont non-ordonnées, c'est à dire qu'il n'y a pas d'ordre sur les fils d'un même nœud. Tout au long de ce travail nous considérons des arbres ordonnés.

Certaines familles d'arbres sont à arité non bornée. Cela signifie que les nœuds peuvent avoir un nombre non borné à priori de fils. Dans ce chapitre, nous nous intéressons aux arbres à arité bornée. [6]

3.1.1 Vocabulaire

Un arbre est un ensemble de nœuds qui :

- Soit est vide.
- Soit vérifie les propriétés suivantes :
  - Chaque nœud est associé à une étiquette.
  - Chaque nœud peut avoir plusieurs fils.
  - Un seul nœud, appelé racine n'a pas de père et tous les autres ont un père unique.

On appelle feuille un nœud qui n'a pas de fils. Les nœuds qui ne sont pas des feuilles sont appelés nœuds internes.

Nous considérons un ensemble dénombrable d'étiquettes Λ. Un arbre ordonné $\mathbb{A}$ est un couple $\mathbb{A} = (\mathcal{D}, \eta)$ où $\mathcal{D}$ est un domaine $\subset \mathbb{N}^*$ ($\mathbb{N}^*$ est le monoïde libre engendré par $\mathbb{N}$) :

- $\epsilon \in \mathcal{D}$.
- $wi \in \mathcal{D} \Rightarrow w \in \mathcal{D}$.
- $wi \in \mathcal{D} \Rightarrow wj \in \mathcal{D}\ \forall j \in [0, i-1]$.

et η associe une étiquette de Λ à chaque nœud de $\mathcal{D}$, ($\eta : \mathcal{D} \to \Lambda$).

Exemple 10

La repésentation graphique de l'arbre $\mathbb{A} = (\mathcal{D}, \eta)$ défini par :
$\mathcal{D} = \{\epsilon, 0, 1, 00, 01, 10, 11, 110, 111\}$ et
$\eta = \{(\epsilon, a), (0, b), (1, c), (00, a), (01, c), (10, a), (11, b), (110, a), (111, c)\}$
où a, b, c appartiennent à Λ.

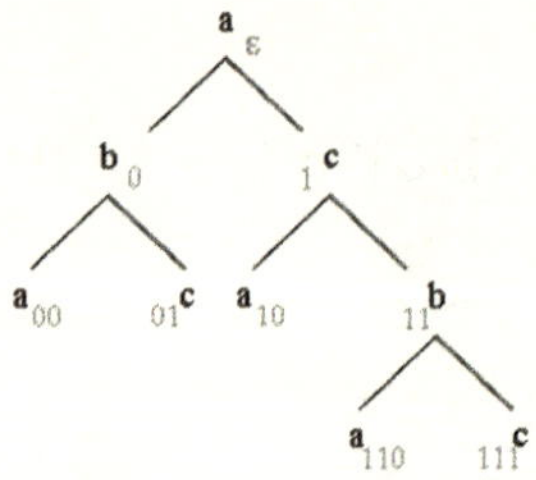

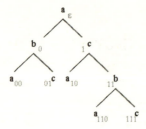

3.2 Langage hors-contexte de mots

Un langage $\mathcal{L}$ est dit hors-contexte s'il existe une grammaire hors-contexte qui l'engendre. [13]

3.2.1 Grammaire hors-contexte

Une grammaire hors-contexte est un quadruplet $\mathcal{G} = (\mathcal{T}, \mathcal{N}, \mathcal{S}, \mathcal{R})$ où :

$\mathcal{T}$: est un ensemble fini de terminaux.

$\mathcal{N}$: est un ensemble fini de non-teminaux.

$\mathcal{S}$: est l'axiome de la grammaire, $\mathcal{S} \in \mathcal{N}$.

$\mathcal{R}$: est l'ensemble des règles de la grammaire $\mathcal{R} \subseteq \mathcal{N} \times (\mathcal{T} \cup \mathcal{N})^*$ de la forme
$A \longrightarrow \alpha$, *avec* $A \in \mathcal{N}$ *et* $\alpha \in (\mathcal{T} \cup \mathcal{N})^*$.

Exemple 11

$$\begin{array}{lllllllllllllll}
\mathcal{G} & = & (& \mathcal{T} & = & \{ & \mathrm{x} & , & + & , & * & , & (& , &) \; \} \\
 & & & \mathcal{N} & = & \{ & \mathrm{OP} & , & \mathrm{E} & \} & & & & & \\
 & & & \mathcal{S} & = & & \mathrm{E} & & & & & & & & \\
 & & & \mathcal{R} & = & \{ & \mathrm{E} & \rightarrow & (& \mathrm{E} & \mathrm{OP} & \mathrm{E} &) & & \\
 & & & & & & \mathrm{E} & \rightarrow & \mathrm{x} & & & & & & \\
 & & & & & & \mathrm{OP} & \rightarrow & + & & & & & & \\
 & & & & & & \mathrm{OP} & \rightarrow & * & \} &) & & & &
\end{array}$$

3.2.2 Dérivation

Soient $\mathcal{G} = (\mathcal{T}, \mathcal{N}, \mathcal{S}, \mathcal{R})$ une grammaire hors-contexte, w et $w' \in (\mathcal{T} \cup \mathcal{N})^*$. On dit que :

- **w' est dérivé directement par $\mathcal{G}$ à partir de w**, noté $w \Rightarrow_{\mathcal{G}} w'$, si et seulement si, il existe $X \in \mathcal{N}$ et $u, t, o \in (\mathcal{T} \cup \mathcal{N})^*$ tels que

$$\begin{cases} w & = & u\ X\ o \\ w' & = & u\ t\ o \\ X & \rightarrow & t \end{cases}$$

Exemple 12 Soient w = x OP E ∗ x, w' = x OP E OP E ∗ x et $\mathcal{G}$ = la grammaire hors-contexte de l'**Exemple 11**. $w \Rightarrow_{\mathcal{G}} w'$ car il existe X = E $\in \mathcal{N}$ et $u,t,o \in (\mathcal{T} \cup \mathcal{N})^*$ (u= x OP, t = E OP E, o = ∗ x) tels que

$$\begin{cases} w & = & u\ X\ o & = & \text{x OP E} * \text{x} \\ w' & = & u\ t\ o & = & \text{x OP E OP E} * \text{x} \\ X & \rightarrow & t & \equiv & \text{E} \rightarrow \text{E OP E} \end{cases}$$

- **w' est dérivé par $\mathcal{G}$ à partir de w**, noté $w \Rightarrow^*_{\mathcal{G}} w'$, si et seulement si, il existe $w_0, ..., w_n \in (\mathcal{T} \cup \mathcal{N})^*$ telque

$$\begin{cases} w_0 = w \\ w_n = w' \\ \text{pour tout } i,\ w_{i+1} \text{ est dérivé directement par } \mathcal{G} \text{ à partir de } w_i \end{cases}$$

Exemple 13 Soient w = x OP E ∗ x, w' = x + x OP E ∗ x et $\mathcal{G}$ = la grammaire hors-contexte de l'**Exemple 11**. $w \Rightarrow^*_{\mathcal{G}} w'$ car il existe $w_0, w_1, w_2, w_3 \in (\mathcal{T} \cup \mathcal{N})^*$($w_0$ = x OP E ∗ x, w_1 = x + E ∗ x, w_2 = x + E OP E ∗ x, w_3 = x + x OP E ∗ x,) tels que

$$\begin{cases} w_0 & = & w & = & \text{x OP E} * \text{x} \\ w_3 & = & w' & = & \text{x + x OP E} * \text{x} \\ w_0 & \Rightarrow_{\mathcal{G}} & w_1 & & (X = \text{OP},\ u = \text{x},\ t = +,\ o = \text{E} * \text{x}) \\ w_1 & \Rightarrow_{\mathcal{G}} & w_2 & & (X = \text{E},\ u = \text{x} +,\ t = \text{E OP E},\ o = * \text{x}) \\ w_2 & \Rightarrow_{\mathcal{G}} & w_3 & & (X = \text{E},\ u = \text{x} +,\ t = \text{x},\ o = \text{OP E} * \text{x}) \end{cases}$$

Soit $\mathcal{G} = (\mathcal{T}, \mathcal{N}, \mathcal{S}, \mathcal{R})$ une grammaire hors-contexte. Le langage défini par $\mathcal{G}$ (on dit aussi langage reconnu par $\mathcal{G}$) est l'ensemble $\mathcal{L}(\mathcal{G})$ tel que

$$\mathcal{L}(\mathcal{G}) = \{ w \in \mathcal{T}^* \mid \mathcal{S} \Rightarrow^*_{\mathcal{G}} w \}$$

3.2.3 Arbres de dérivation

Soient $\mathcal{G} = (\mathcal{T}, \mathcal{N}, \mathcal{S}, \mathcal{R})$ une grammaire hors-contexte et $w \in \mathcal{L}(\mathcal{G})$. On appelle arbre de dérivation de w dans $\mathcal{G}$ tout arbre $\mathbb{A}$ dont les nœuds sont étiquetés par des éléments de $(\mathcal{T} \cup \mathcal{N})$ et tels que

- La racine de $\mathbb{A}$ est étiquetée par $\mathcal{S}$ (l'axiome de $\mathcal{G}$)
- Les feuilles de $\mathbb{A}$ sont étiquetées par des éléments de $\mathcal{T}$, et la suite gauche-droite des étiquettes desfeuilles de $\mathbb{A}$ est égale à w.
- les nœuds non feuilles de $\mathbb{A}$ sont étiquetées par des éléments de $\mathcal{N}$ et si $u_1, ..., u_n$ sont les étiquettes des fils d'un nœud non feuille étiqueté par X alors la règle $X \rightarrow u_1, ..., u_n$ doit appartenir à $\mathcal{R}$.

A tout mot de $\mathcal{L}(\mathcal{G})$ on peut associer un arbre de dérivation.

Exemple 14 L'arbre de dérivation suivant est l'arbre associé à $(w = x * x + x) \in \mathcal{L}(\mathcal{G})$ où $\mathcal{G}$ est la grammaire hors-contexte de l'**Exemple 11**.

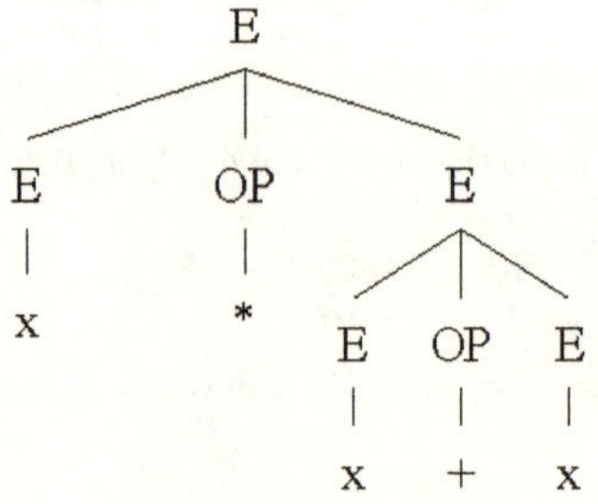

FIG. 3.1 – $w = x * x + x$

3.3 Langage d'arbres hors-contexte

Un langage $\mathcal{L}$ est dit langage d'arbres hors-contexte s'il existe une grammaire d'arbres hors-contexte qui l'engendre. [4]

3.3.1 Grammaire d'arbres hors-contexte

Une grammaire d'arbres hors-contexte est un quintuplet $\mathcal{G} = (\mathcal{T}, \mathcal{N}, \mathcal{V}, \mathcal{S}, \mathcal{R})$ où :

$\mathcal{T}$: est un ensemble fini de terminaux, ayant chacun une certaine arité.

$\mathcal{N}$: est un ensemble fini de non-teminaux, ayant chacun une certaine arité.

$\mathcal{V}$: est un ensemble fini de variables dites syntaxiques d'arité zéro avec $\mathcal{V} \cap (\mathcal{T} \cup \mathcal{N}) = \emptyset$.

$\mathcal{S}$: est l'axiome de la grammaire, $\mathcal{S} \in \mathcal{N}$.

$\mathcal{R}$: est l'ensemble des règles de la grammaire de la forme $A(v_1, ..., v_n) \longrightarrow \alpha$ *avec* $A \in \mathcal{N}$, $v_1, ..., v_n \in \mathcal{V}$ et $\alpha \in \mathfrak{t}(\mathcal{T} \cup \mathcal{N}, \mathcal{V})$.

Exemple 15 Soit $\mathcal{G}$ la grammaire d'arbre hors-contexte définie par :

$$\left(\begin{array}{lcl} \mathcal{T} & = & \{\ C(,), f(), g(), h(), i(), a, b\} \\ \mathcal{N} & = & \{\ S, P(), Q()\} \\ \mathcal{V} & = & \{\ v\} \\ \mathcal{S} & = & S \\ \mathcal{R} & = & \{\ S \to C(P(a), Q(b)), \\ & & P(v) \to f(P(h(v))), \\ & & P(v) \to v, \\ & & Q(v) \to g(Q(i(v))), \\ & & Q(v) \to v\ \} \end{array}\right)$$

3.3.2 Dérivations de termes

Soient $\mathcal{G} = (\mathcal{T}, \mathcal{N}, \mathcal{V}, \mathcal{S}, \mathcal{R})$ une grammaire d'arbres hors-contexte, t un terme. On définit la relation de dérivation $\longrightarrow$ entre deux termes de $\mathfrak{t}(\mathcal{T} \cup \mathcal{N}, \mathcal{V})$ comme suit :

- Si $t \in \mathcal{T} \cup \mathcal{V} : t \longrightarrow t$
- Si $t_i \longrightarrow t'_i$ alors $\forall \lambda \in \mathcal{T} : t = \lambda(t_1, ..., t_i, ...t_n) \longrightarrow t' = \lambda(t_1, ..., t'_i, ...t_n)$
- Si $t = A(t_1, ..., t_n)$ avec $A \in \mathcal{N}$ et $A(v_1, ..., v_n) \to \alpha \in \mathcal{R} : t \longrightarrow \alpha[v_1 \leftarrow t_1, ..., v_n \leftarrow t_n]$
  où $\alpha[v_1 \leftarrow t_1, ..., v_n \leftarrow t_n]$ désigne l'arbre obtenu en substituant,
  pour chaque $i \in [1, n]$, chaque occurrence de v_i par le terme t_i

Exemple 16 Un exemple de dérivation de l'**Exemple 15** :

$$S \to C(P(a), Q(b)) \to C(f(P(h(a))), Q(b)) \to C(f(h(a)), Q(b)) \to C(f(h(a)), b).$$

On note $\longrightarrow^*$ la fermeture reflexive et transitive de la relation $\longrightarrow$

$$\forall A \in \mathcal{N}, \text{ on note } \mathcal{L}(\mathcal{G}, A) = \{t \in \mathfrak{t}(\mathcal{T}, \emptyset) / A \longrightarrow^* t\}$$

Le langage engendré par $\mathcal{G}$ est $\mathcal{L}(\mathcal{G}, \mathcal{S})$.

Exemple 17 Le langage engendré par $\mathcal{G}$ de l'**Exemple 15** est l'ensemble des arbres de la forme :

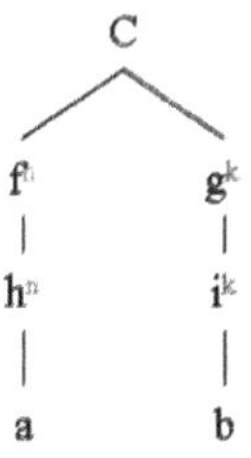

3.3.3 Langages d'arbres réguliers

Dans le cas où les non-terminaux sont à arité zéro, nous obtiendrons des langages d'arbres réguliers.

Exemple 18 La grammaire d'arbres $\mathcal{G}$ suivante engendre un langage d'arbres réguliers de la forme $C(f^n(h^k(a)), g^m(i^l(b)))$:

$$
\left(\begin{array}{lcl}
\mathcal{T} & = & \{\ C(,), f(), g(), h(), i(), a, b\} \\
\mathcal{N} & = & \{\ S, P, P', Q, Q'\} \\
\mathcal{V} & = & \{\ \} \\
\mathcal{S} & = & S \\
\mathcal{R} & = & \{\ S \rightarrow C(P,Q), \\
 & & P \rightarrow f(P), \\
 & & P \rightarrow P', \\
 & & P' \rightarrow h(P'), \\
 & & P' \rightarrow a, \\
 & & Q \rightarrow g(Q), \\
 & & Q \rightarrow Q', \\
 & & Q' \rightarrow i(Q'), \\
 & & Q' \rightarrow b\ \}
\end{array}\right)
$$

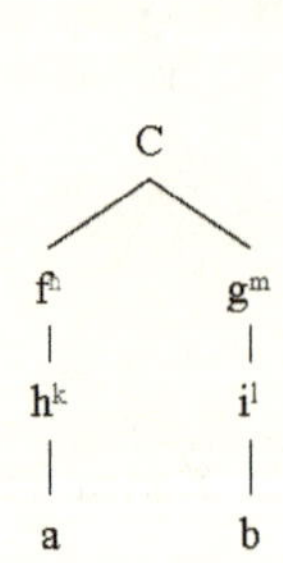

3.4 Langage synchronisé de n-uplets d'arbres

Un langage $\mathcal{L}$ est dit langage synchronisé de n-uplets d'arbres s'il existe une grammaire synchronisée de n-uplets d'arbres qui l'engendre. [4, 7, 10, 14]

3.4.1 Grammaire synchronisée de n-uplets d'arbres

Les grammaires synchronisées de n-uplets d'arbres TTSG (Tree Tuple Synchronized Grammars) sont des grammaires d'arbres dont certaines productions sont synchronisées, c'est à dire doivent être appliquées simultanément. Pour contrôler l'application des paquets de productions, on associe à chaque non-terminal apparaissant dans un arbre, un entier de contrôle. Un paquet de productions synchronisées ne peut s'appliquer que sur des non-terminaux qui ont des entiers de contrôle identiques.

Une **production** est une règle de la forme $A(v_1, ..., v_m) \longrightarrow \alpha$ *avec* $A \in \mathcal{N}$, $v_1, ..., v_m \in \mathcal{V}$ et $\alpha \in \mathrm{t}(\mathcal{T} \cup \mathcal{N}, \mathcal{V})$.

Un **paquet de productions** est un ensemble de productions associé à un entier positif (appelé rang du paquet). Il se note $\{A^1(v_1^1, ..., v_{m^1}^1) \rightarrow \alpha^1, ..., A^n(v_1^n, ..., v_{m^n}^n) \rightarrow \alpha^n\}_k$ avec,

- $A^1, ..., A^n \in \mathcal{N}$,
- $v_1, ..., v_m \in \mathcal{V}$
- $\alpha^1 ..., \alpha^n \in \mathrm{t}(\mathcal{T} \cup \mathcal{N}, \mathcal{V})$,
- Lorsque $k = 0$, le paguet est un singleton de la forme $\{A(v_1, ..., v_m) \rightarrow \alpha\}_0$, cette production est dite libre, elle s'écrit plus simplement $A(v_1, ..., v_m) = \alpha$.
- Lorsque $k > 0$, le paquet est de la forme $\{A^1(v_1^1, ..., v_{m^1}^1) \rightarrow \alpha^1, ..., A^n(v_1^n, ..., v_{m^n}^n) \rightarrow \alpha^n\}_k$, les productions du paquet sont dites synchronisées.

Le rang d'un paquet permet d'introduire un contrôle sur les dérivations de la grammaire. Nous expliquons plus en détail le rôle de ce contôle en section **3.4.3**

Une **TTSG** est un hextuplet $\mathcal{G} = (\mathcal{T}, \mathcal{N}, \mathcal{V}, \mathcal{C}_z, \mathcal{S}, \mathcal{P})$ où :

$\mathcal{T}$: est un ensemble fini de terminaux, ayant chacun une certaine arité.

$\mathcal{N}$: est un ensemble fini de non-teminaux, ayant chacun une certaine arité.

$\mathcal{V}$: est un ensemble fini de variables avec $\mathcal{V} \cap (\mathcal{T} \cup \mathcal{N}) = \emptyset$.

$\mathcal{C}_z$: est un entier positif, appelé rang de la TTSG, qui définit la taille des n-uplets de contrôle.

$\mathcal{S}$: est l'axiome de la TTSG. C'est un n-uplet $(A^1(...)_{(k_1)}, ..., A^n(...)_{(k_n)})$ où
$A^i \in \mathcal{N}$ *et* k_i est un $\mathcal{C}_z$-uplet de contrôle qui contient uniquement des 0 et des $\perp$.($\perp$ signifie que le non-terminal n'est pas concerné par ce niveau de contrôle).

$\mathcal{P}$: est un ensemble fini de paquets de productions de rang inférieur ou égal à $\mathcal{C}_z$.

Exemple 19 Soit $\mathcal{G}$ une TTSG définie par :

$$
\left(
\begin{array}{lcl}
\mathcal{T} & = & \{\ C(,), f(), g(), h(), i(), a, b\} \\
\mathcal{N} & = & \{\ S, P(), Q()\} \\
\mathcal{V} & = & \{\ v_1, v_2\} \\
\mathcal{C}_z & = & 1 \\
\mathcal{S} & = & S \\
\mathcal{P} & = & \{\ S \rightarrow C(P(a), Q(b)), \\
 & & \{P(v_1) \rightarrow f(P(h(v_1))), Q(v_2) \rightarrow g(Q(i(v_2)))\}, \\
 & & \{P(v_1) \rightarrow v_1, Q(v_2) \rightarrow v_2\}\ \}
\end{array}
\right)
$$

3.4.2 Dérivations synchronisées

Une production libre $A(v_1, ..., v_m) = \alpha$ peut être appliquée dès que A apparaît. Le paquet de productions syncgronisées $\{A^1(v_1^1, ..., v_{m^1}^1) \rightarrow \alpha^1, ..., A^n(v_1^n, ..., v_{m^n}^n) \rightarrow \alpha^n\}$ peut être appliqué sur $(t_1, ..., t_n)$ si $A^1, ..., A^n$ sont présents respectivement dans chacun des arbres $t_1, ..., t_n$.

Soient $\mathcal{G}$ une TTSG, un paquet de productions $p = \{r_1, ..., r_n\}$ avec $r_i = A^i(v_1^i, ..., v_{m^i}^i) \rightarrow \alpha^i$, t un terme. On définit la relation de dérivation $\longrightarrow$ comme suit :

- $(t_1, ..., t_n) \xrightarrow{p} (t'_1, ..., t'_n) \quad \Leftrightarrow \quad t_1 \xrightarrow{r_1} t'_1, ..., t_n \xrightarrow{r_n} t'_n$
- $(t_1, ..., t_n) \longrightarrow (t'_1, ..., t'_n) \quad \Leftrightarrow \quad \exists p \in \mathcal{P}/(t_1, ..., t_n) \xrightarrow{p} (t'_1, ..., t'_n)$

Exemple 20 Un exemple de dérivation de l'**Exemple 19** :
$S \rightarrow C(P(a), Q(b)) \rightarrow C(f(P(h(a))), g(Q(i(b)))) \rightarrow C(f(f(P(h(h(a))))), g(g(Q(i(i(b)))))) \rightarrow C(f(f(h(h(a)))), g(g(i(i(b)))))$.

On note $\longrightarrow^*$ la fermeture reflexive et transitive de la relation $\longrightarrow$

$$\mathcal{L}(\mathcal{G}, (A_1, ..., A_n)) = \{(t_1, ..., t_n)/(A_1, ..., A_n) \longrightarrow^* (t_1, ..., t_n)\}$$

Le langage engendré par $\mathcal{G}$ est $\mathcal{L}(\mathcal{G}, \mathcal{S})$.

Exemple 21 Le langage engendré par $\mathcal{G}$ de l'**Exemple 19** est dit langage synchronisé hors-contexte de n-uplets d'arbres, il est de la forme :

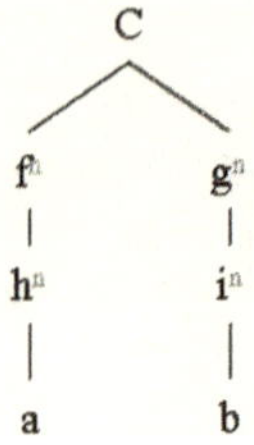

3.4.3 Rôle du contrôle de synchronisation

Soit $\mathcal{G}$ une TTSG définie par :

$$
\begin{array}{lllll}
(\; \mathcal{T} & = & \{ & f(,), a, b\} & \\
\mathcal{N} & = & \{ & S_1(), S_1'(), S_2(), S_2'()\} & \\
\mathcal{V} & = & \{ & v_1, v_2\} & \\
\mathcal{C}_z & = & & 1 & \\
\mathcal{S} & = & & (S_1(a), S_2(b)) & \\
\mathcal{P} & = & \{ & \{S_1(v_1) \to f(S_1(v_1), S_1'(v_1)), & S_2(v_2) \to f(S_2(v_2), S_2'(v_2))\}, \\
 & & & \{S_1(v_1) \to v_1, & S_2(v_2) \to v_2\}, \\
 & & & \{S_1'(v_1) \to f(S_1(v_1), S_1'(v_1)), & S_2'(v_2) \to f(S_2(v_2), S_2'(v_2))\}, \\
 & & & \{S_1'(v_1) \to v_1, & S_2'(v_2) \to v_2\} \quad \} \;)
\end{array}
$$

Cette TTSG contient quatre paquets de productions synchronisées, le premier paquet veut dire que si $S_1(v_1)$ est dérivé en $f(S_1(v_1), S_1'(v_1))$, alors $S_2(v_2)$ doit être dérivé en $f(S_2(v_2), S_2'(v_2))$ en même temps. Donc si $S_1(v_1)$ apparaît dans un arbre mais pas $S_2(v_2)$, on ne peut pas appliquer ce paquet.

Avec $(S_1(a), S_2(b))$ pour axiome, une dérivation possible est :

$$
\begin{array}{l}
(S_1(a), S_2(b)) \to (f(S_1(a), S_1'(a)), f(S_2(b), S_2'(b))) \\
\to (f(S_1(a), f(S_1(a), S_1'(a))), f(S_2(b), f(S_2(b), S_2'(b))))
\end{array}
$$

Mais il y a une ambiguité : quel $S_1(a)$ doit-être synchronisé (dérivé en même temps) avec quel $S_2(b)$?

Pour lever cet ambiguité, un contrôle (un entier) est attaché à chaque non-terminal le long de la dérivation, et est incrémenté à une nouvelle valeur à chaque fois qu'un paquet de productions synchronisées est appliqué.

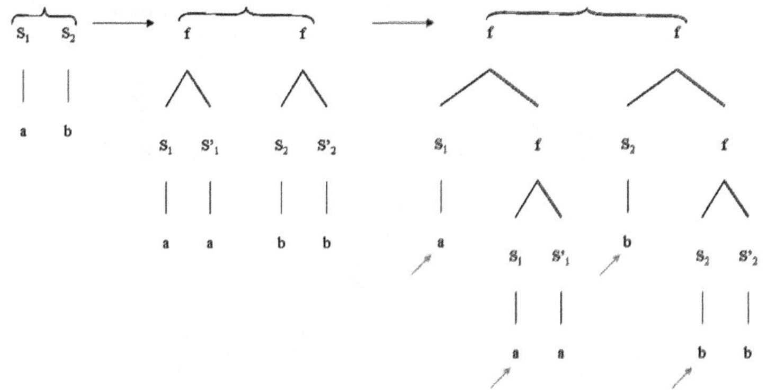

La règle est : seuls des non-terminaux ayant le même contrôle peuvent-être dérivés en même temps. Ainsi la dérivation précédente s'écrit :

$$(S_1(a)_{(0)}, S_2(b)_{(0)}) \to (f(S_1(a)_{(1)}, S_1'(a)_{(1)}), f(S_2(b)_{(1)}, S_2'(b)_{(1)})$$
$$\to (f(S_1(a)_{(1)}, f(S_1(a)_{(2)}, S_1'(a)_{(2)})), f(S_2(b)_{(1)}, f(S_2(b)_{(2)}, S_2'(b)_{(2)})))$$

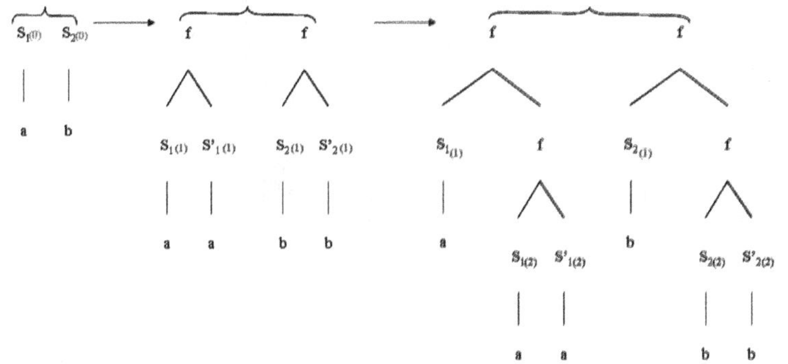

On voit maintenant que $S_1(a)$ et $S_2(b)$ peuvent-être dérivés ensemble seulement s'ils apparaissent à des positions identiques dans les deux arbres.

Malheureusement le contrôle simple utilisé n'est pas suffisant. Par exemple quand on fait la jointure naturelle de langages synchronisés, on obtient une TTSG dite de rang 2, plus compliquée dans son fonctionnement, et dont le contrôle est un couple d'entiers.

Soit $\mathcal{G}$ une TTSG définie par :

$$
\begin{array}{lllll}
(& \mathcal{T} & = & \{ & f(), a\} \\
 & \mathcal{N} & = & \{ & S_1(), S'_1(), S_2(), S'_2(), S"_2(), S_3(), S'_3()\} \\
 & \mathcal{V} & = & \{ & v, v_1, v_2\} \\
 & \mathcal{C}_z & = & & 2 \\
 & \mathcal{S} & = & & (S_1(a), S_2(a), S_3(a)) \\
 & \mathcal{P} & = & \{ & S'_1(v) \rightarrow f(v), \\
 & & & & S'_2(v) \rightarrow f(S'_1(v)), \\
 & & & & S'_3(v) \rightarrow f(S'_2(v)), \\
 & & & & \{S_1(v_1) \rightarrow S'_1(v_1), S_2(v_2) \rightarrow S"_2(v_2)\}, \\
 & & & & \{S"_2(v_1) \rightarrow S'_2(v_1), S_3(v_2) \rightarrow S'_3(v_2)\} \ \} \quad)
\end{array}
$$

Mais, si on utilise $\{S_1(v_1) \rightarrow S'_1(v_1), S_2(v_2) \rightarrow S"_2(v_2)\}$, en partant d'un contrôle égal à zéro on aura :

$$(S_1(a)_{(0)}, S_2(a)_{(0)}, S_3(a)_{(0)}) \rightarrow (S'_1(a)_{(1)}, S"_2(a)_{(1)}, S_3(a)_{(0)})$$

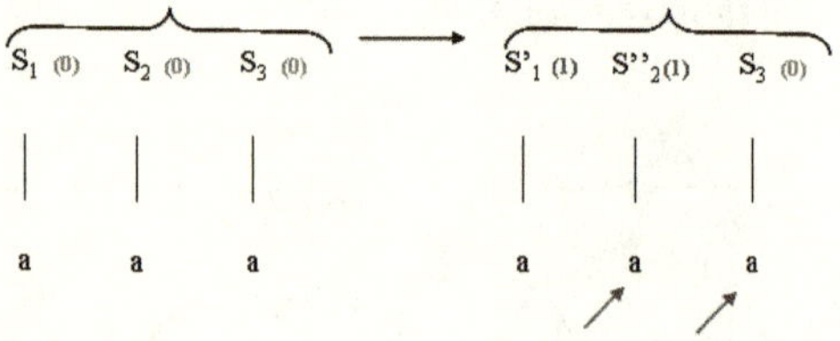

Maintenant le paquet $\{S"_2(v_1) \rightarrow S'_2(v_1), S_3(v_2) \rightarrow S'_3(v_2)\}$ ne peut plus être appliqué sur les deux derniers composants. Afin de rémédier ce problème les auteurs ont introduit des couples d'entiers dans le contrôle, ce qui nous permettra de differencier les deux niveaux de contrôle.

Le contrôle initial de l'axiome sera $(S_1(a)_{(0,\perp)}, S_2(a)_{(0,0)}, S_3(a)_{(\perp,0)})$. $\perp$ signifie que le non-terminal n'est pas concerné par ce niveau de contrôle. Ensuite le paquet de productions $\{S_1(v_1) \rightarrow S'_1(v_1), S_2(v_2) \rightarrow S"_2(v_2)\}$ incrementera le premier composant du contrôle alors que $\{S"_2(v_1) \rightarrow S'_2(v_1), S_3(v_2) \rightarrow S'_3(v_2)\}$ incrementera le deuxième.

En notant en indice des paquets le numéro (rang du paquet) du composant du contrôle qui sera incrementé, les deux paquets deviennent :

$$\{S_1(v_1) \rightarrow S'_1(v_1), S_2(v_2) \rightarrow S"_2(v_2)\}_{(1)}$$
$$\{S"_2(v_1) \rightarrow S'_2(v_1), S_3(v_2) \rightarrow S'_3(v_2)\}_{(2)}$$

Une dérivation possible en appliquant $\{S_1(v_1) \to S'_1(v_1), S_2(v_2) \to S"_2(v_2)\}_{(1)}$

$$(S_1(a)_{(0,\perp)}, S_2(a)_{(0,0)}, S_3(a)_{(\perp,0)}) \to (S'_1(a)_{(1,\perp)}, S"_2(a)_{(1,0)}, S_3(a)_{(\perp,0)})$$

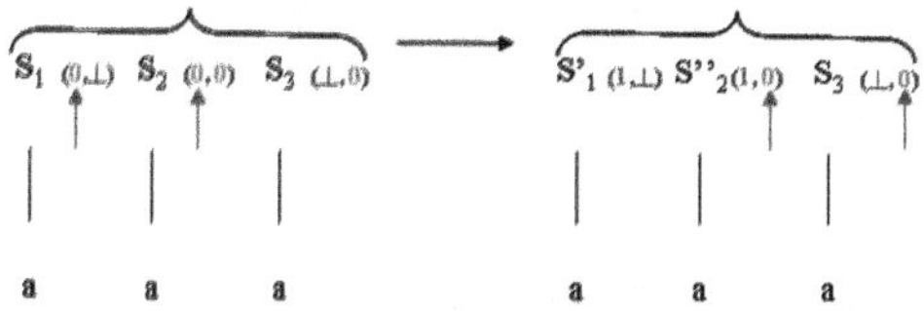

Maintenant le paquet $\{S"_2(v_1) \to S'_2(v_1), S_3(v_2) \to S'_3(v_2)\}_{(2)}$ est applicable et on obtient

$$(S'_1(a)_{(1,\perp)}, S'_2(a)_{(1,1)}, S'_3(a)_{(\perp,1)})$$

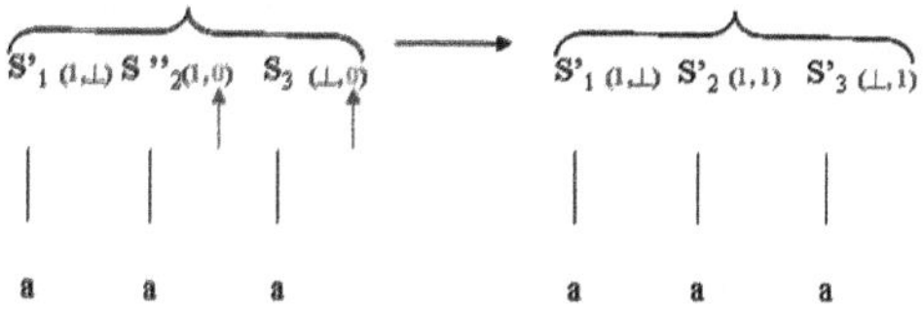

La production libre $S'_1(v) \to f(v)$ donne : $(f(a), S'_2(a)_{(1,1)}, S'_3(a)_{(\perp,1)})$

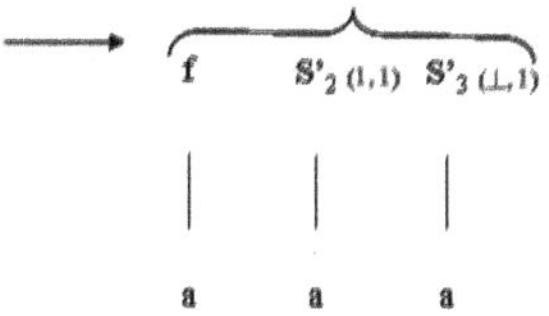

En appliquant la production libre $S'_2(v) \to f(S'_1(v))$ on obtient : $(f(a), f(S'_1(a))_{(1,1)}, S'_3(a)_{(\perp,1)})$

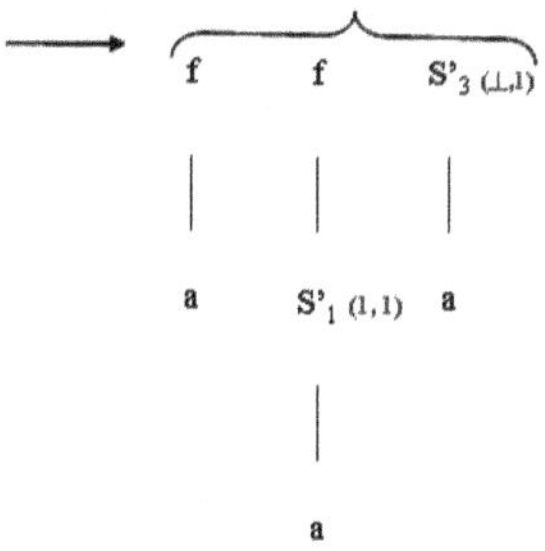

Appliquant la production libre convenable à chaque fois, on obtiendra à la fin : $\rightarrow^* \ (f(a), f(f(a)), f(f(f(a))))$

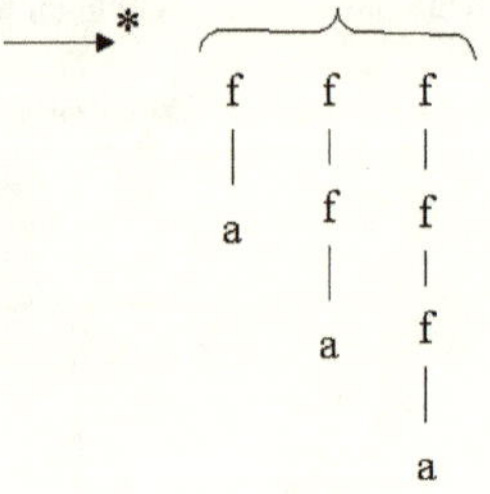

3.4.4 Langages synchronisés réguliers

Dans le cas où les non-terminaux sont à arité zéro, nous obtiendrons des langages synchronisés réguliers.

Exemple 22 La grammaire d'arbres $\mathcal{G}$ suivante engendre un langage d'arbres synchronisés réguliers de la forme $C(f^n(h^k(a)), g^{2n}(i^k(b)))$:

$$
\begin{array}{llll}
(\ \mathcal{T} & = & \{ & C(,), f(), g(), h(), i(), a, b\} \\
\mathcal{N} & = & \{ & S, P, P', Q, Q'\} \\
\mathcal{V} & = & \{ & \} \\
\mathcal{C}_z & = & & 1 \\
\mathcal{S} & = & & S \\
\mathcal{P} & = & \{ & S \rightarrow C(P, Q), \\
 & & & \{P \rightarrow f(P), Q \rightarrow g(g(Q))\}, \\
 & & & \{P \rightarrow P', Q \rightarrow Q'\}, \\
 & & & \{P' \rightarrow h(P'), Q' \rightarrow i(Q')\}, \\
 & & & \{P' \rightarrow a, Q' \rightarrow b\} \ \} \qquad)
\end{array}
$$

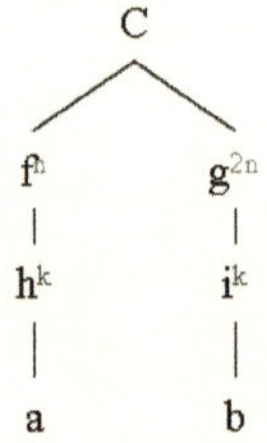

3.5 Programme logique et langages d'arbres

Utilisant des programmes logiques, Jacques Chabin, Jing Chen et Pierre Réty ont défini des langages de n-uplets d'arbres. L'idée est d'identifier les arbres avec des termes et d'utiliser le formalisme de la programmation logique pour générer les $n$uplets de termes en utilisant les langages. Différentes familles correspondent alors à différents types de programmes logiques engendrant ces langages. L'interêt de ces langages est de pouvoir exprimer à la fois des comptages sur des positions imbriquées (hors-contexte) et des comptages sur différentres branches indépendantes (synchronisé). [3, 9, 11]

3.5.1 Programme synchronisé régulier

Un programme synchronisé régulier est un programme logique, dont les clauses $H \leftarrow B$ satisfont le fait que B est linéaire (les arguments des prédicats sont des variables, et chaque variable apparait une et une seule fois) et ne contient pas de symboles de fonction.

Exemple 23 $\{t/S(t) \in \mathcal{M}_{prog}\} = \{C(f^n(h^k(a)), g^{2n}(i^k(b)))\}$

$$
Prog = \{ \quad \begin{array}{l} S(C(x,y)) \leftarrow P(x,y). \\ P(f(x), g(g(y))) \leftarrow P(x,y). \\ P(x,y) \leftarrow Q(x,y). \\ Q(h(x), i(y)) \leftarrow Q(x,y). \\ Q(a,b) \leftarrow \end{array} \quad \}
$$

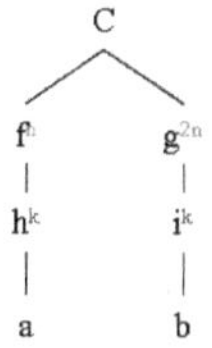

3.5.2 Programme logique avec modes IO

Un programme logique avec modes IO, est un programme logique dont on associe à chaque prédicat d'arité n un mode-tuple $\vec{m} \in \{I, O\}^n$. Autrement dit, on associe à chaque argument de prédicat un mode I (Input) ou un mode O (Output), pour les distinguer, les arguments Output seront couvert par un chapeau $\widehat{O}$.

3.5.3 Notations

ArIn(P)	:	est le nombre d'arguments de mode Input d'un prédicat P.
ArOut(P)	:	est le nombre d'arguments de mode Output d'un prédicat P.
Input(B)	:	est la partie Input de B, où B est un ensemble non vide de n atomes.
Output(B)	:	est la partie Output de B, où B est un ensemble non vide de n atomes.
ArIn(B)	:	est l'arité de Input(B).
ArOut(B)	:	est l'arité de Output(B).
VarIn(B)	:	est l'ensemble de variables apparaissant dans Input(B).
VarOut(B)	:	est l'ensemble de variables apparaissant dans Ouput(B).
Var(B)	:	est VarIn(B) ∪ VarOut(B).
Cycle	:	Soit $B = A_1, ..., A_n$. On note que $A_j \succ A_k$ si $\exists y \in VarIn(A_j) \cap VarOut(A_k)$. C'est à dire, un Input de A_j dépend d'un Output de A_k. On dit que B a un cycle si $A_i \succ^+ A_i$ pour quelques A_i, avec $\succ^+$ est la fermeture transitive de $\succ$. Ainsi une clause $H \leftarrow B$ a un cycle si B a un cycle.

Exemple 24 Soit $B = Q(\widehat{x}, s(y)), R(\widehat{y}, s(x))$ où x et y sont deux variables,

	Q	R	B
ArIn	1	1	2
ArOut	1	1	2
Input	{s(y)}	{s(x)}	{s(y),s(x)}
Output	{x}	{y}	{x,y}
VarIn	{y}	{x}	{y,x}
VarOut	{x}	{y}	{x,y}
Var	{y,x}	{x,y}	{y,x}

$$Q \succ R \; (VarIn(Q) \cap VarOut(R) = \{y\})$$
$$R \succ Q \; (VarIn(R) \cap VarOut(Q) = \{x\})$$
$$\Rightarrow Q \succ^{+} Q \text{ alors B a un cycle}$$

3.5.4 Programme synchronisé hors-contexte

Un programme synchronisé hors-contexte (S-CF) est un programme logique avec modes IO, dont les clauses $H \leftarrow B$ satisfont aux conditions suivantes :

- Input(H).Output(B) (. est la concatenation) est un uplet linéaire de variables.
- B n'a pas de cycle.
- Si un prédicat a plusieurs arguments Output, ceci veut dire que ces arguments Output sont liés ensembles.

Exemple 25 (x et y sont deux variables)

$$Prog = \{ \quad S(\widehat{C(x,y)}) \leftarrow P(\widehat{x},\widehat{y},a,b).$$
$$P(\widehat{f(x)},\widehat{g(y)},x',y') \leftarrow P(\widehat{x},\widehat{y},h(x'),i(y')).$$
$$P(\widehat{x},\widehat{y},x,y) \leftarrow \quad \}$$

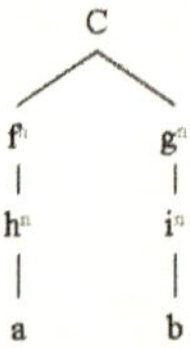

On dit que le programme est non-copying, si en plus $Output(H).Intput(B)$ est un uplet linéaire de variables.

Si un prédicat P n'a pas d'argument Input, ceci veut dire que l'(es) argument(s) Output de P ne dépend(ent) pas d'une valeur Input donnée.

Si, dans un programme S-CF, les prédicats sont sans argument Input et ont plusieurs arguments Output, alors le programme est un programme synchronisé régulier.

3.5.5 Programme hors-contexte

Un programme S-CF, dont chaque prédicat n'a qu'un seul argument Output est appelé programme hors-contexte. Il génère des langages d'arbres hors-contexte.

Exemple 26 (x et y sont deux variables)

$$Prog = \{ \quad S(\widehat{C(x,y)}) \leftarrow P(\widehat{x},a),Q(\widehat{y},b).$$
$$P(\widehat{f(x)},x') \leftarrow P(\widehat{x},h(x')).$$
$$Q(\widehat{g(x)},x') \leftarrow Q(\widehat{x},i(x')).$$
$$P(\widehat{x},x) \leftarrow .$$
$$Q(\widehat{x},x) \leftarrow \quad \}$$

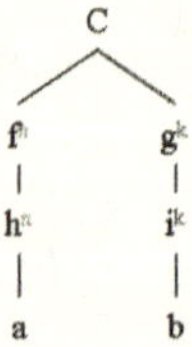

3.5.6 Programme régulier

Un programme non-copying hors-contexte dont chaque prédicat n'a aucun argument Input est appelé programme régulier. Il génère des langages d'arbres réguliers.

Exemple 27 (x et y sont deux variables)

$$
\begin{aligned}
Prog = \{\ & S(\widehat{C(x,y)}) \leftarrow P(\widehat{x}), Q(\widehat{y}). \\
& P(\widehat{f(x)}) \leftarrow P(\widehat{x}). \\
& P(\widehat{x}) \leftarrow P'(\widehat{x}). \\
& P'(\widehat{h(x)}) \leftarrow P'(\widehat{x}). \\
& P'(\widehat{a}) \leftarrow. \\
& Q(\widehat{g(x)}) \leftarrow Q(\widehat{x}). \\
& Q(\widehat{x}) \leftarrow Q'(\widehat{x}). \\
& Q'(\widehat{i(x)}) \leftarrow Q'(\widehat{x}). \\
& Q'(\widehat{b}) \leftarrow \qquad\qquad \}
\end{aligned}
$$

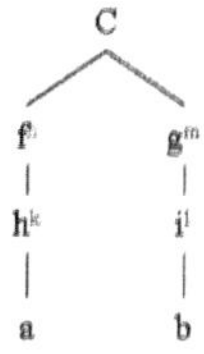

Un point commun aux deux approches décrites en **3.4** (grammaires synchronisées) et en **3.5** (programmes synchronisés hors-contexte) est de s'attacher à décrire des processus de génération de différents langages de n-uplets d'arbres. Notre objectif dans le chapitre suivant est d'exprimer de manière déclarative, en utilisant des formules d'un langage logique, les propriétés caractéristiques des n-uplets d'arbres de ces différents langages.

Chapitre 4

La Logique TQL

4.1 Données semi-structurées

Par opposition aux données stockées dans les tables d'une base de données relationnelle dont la structure est connue, régulière et fixée, les données semi-structurées permettent de modéliser des données à structures variables. La structure des données peut même être partiellement décrite dans les données elles-mêmes, comme c'est par exemple le cas dans XML.

Le modèle de données semi-structurées le plus utilisé, XML, est un modèle arborescent. Un document XML est un flux linéaire de caractères utilisant un ensemble de balises ouvrantes et fermantes associées à des éléments. En fait, le document XML peut être vu comme un arbre ordonné à arités non bornées dont les noeuds internes sont étiquetés par l'alphabet des éléments.

Mais dans toute sa généralité, la structure globale d'un document XML est un graphe, puisque l'existence de liens sous la forme d'*idref* de noeuds vers d'autres noeuds peut créer des cycles dans le modèle d'un document.

Malgré tout, dans le cadre de XML, la structure d'arbre reste prédominante et est déjà source de nombreuses problématiques. Ainsi, la majorité des travaux "formels" autour de XML ignorent ces liens *idref* et se focalisent sur la structure arborescente du document. Cardelli et Ghelli suivent cette approche et considèrent les données semi-structurées comme répondant à un modèle d'arbres. [15]

4.2 Le langage de transformation TQL

Selon la logique d'arbres proposée par Cardelli et Ghelli, une formule peut être utilisée pour tester si un arbre (document) possède une certaine forme ou satisfait un certain nombre de contraintes. Cependant , les formules peuvent avoir des variables libres. Ainsi, une formule avec des variables libres devient une requête pour un document.

Le langage standard du W3C pour définir des requêtes permettant d'identifier des noeuds dans un document XML est XPATH. XPATH est un langage navigationnel qui permet de sélectionner des noeuds en fonction des chemins qui y conduisent.

TQL *"Tree Query Language"*, tout comme XQuery, est un langage de requêtes pour les documents semi-structurés. Alors que le langage XQuery est plutôt opérationnel dans la description du résultat d'une requête, le langage de transformation de TQL est lui plus déclaratif.

TQL se base sur un schéma "filtrage - capture - construction" : les formules logiques servent à filtrer le document, leurs variables libres capturant labels et sous-arbres. Ces opérations de filtrage et de capture sont utilisées dans un langage de (re)construction de documents semi-structurés. Ainsi le résultat d'une requête TQL est lui-même un document semi-structuré. Le système TQL peut donc être utilisé comme un outil de transformation de documents semi-structurés produisant, à partir d'un document entrée, un document de sortie.

Cette logique a été introduite comme la base d'un langage de requêtes pour données semi-structurées, elle possède un opérateur de séparation ou de composition. Cet opérateur permet d'exprimer qu'une structure peut être séparée en deux parties chacune de ces deux parties pouvant être caractérisée indépendamment l'une de l'autre. Sur les graphes, la séparation consiste à partitionner l'ensemble des arêtes du graphe en deux et à considérer les deux graphes définis par chacun des sous ensembles d'arêtes.
Elle possède encore un opérateur de point fixe et un opérateur de quantification sur les arbres, en plus des connecteurs booléens classiques (conjonction, disjonctions, négation).

Cette logique comprend des opérateurs spatiaux, un quantificateur existentiel et un mécanisme de récursion par l'intermédiaire de l'opérateur de point fixe. Les opérateurs spatiaux permettent de parler de la structure de l'arbre : $a[\varphi]$ exprime le fait que l'arbre a une seule arête partant de la racine et qui mène vers un sous arbre satisfaisant φ ; $\varphi_1 \mid \varphi_2$ exprime que l'arbre peut être obtenu en fusionnant les racines de deux arbres, l'un satisfaisant φ_1 et l'autre satisfaisant φ_2. Le quantificateur existentiel permet de quantifier sur des étiquettes et sur des arbres. Alors que l'opérateur de point fixe ajoute un mécanisme de récursion permettant, par exemple, d'exprimer des régularités dans les chemins de l'arbre, ou le fait que, quelque part dans l'arbre, φ est vérifié,... [15]

4.3 Syntaxe

Nous donnons ici la syntaxe de la logique d'arbres introduite par Cardelli et Ghelli [2], et modifiée par Filiot, Talbot et Tison [5]. Nous supposons un ensemble dénombrable d'étiquettes Λ notées n, un ensemble dénombrable λ de variables d'étiquettes notée x, α désigne soit une étiquette de Λ ou une variable d'étiquette de λ et considérons $\mathbb{H}_\Lambda$ l'ensemble des haies (ou suites) d'arbres ordonnés d'arités non-bornées dont les nœuds sont étiquetées par des éléments de Λ.

Nous considérons un ensemble dénombrable $\mathcal{T}$ de variables d'arbres notées X, un ensemble dénombrable $\mathcal{R}$ de variables de récursion notées ξ, et des formules logiques notées φ, ψ.

Pour garantir l'existence d'un plus petit point fixe $\mu\xi.\varphi$, nous demandons que chaque occurrence de la variable de récursion ξ apparaisse sous un nombre pair de négations dans la formule

φ.

La syntaxe de la logique TQL est donnée par :

$\alpha, \alpha' ::=$	labels	
	n	label constant
	x	variable d'étiquette
$\varphi, \psi ::=$	formules	
	0	arbre vide
	$\top$	vrai
	$\alpha[\varphi]$	extension
	$\varphi \vert \psi$	composition
	$\neg\varphi$	négation
	$\varphi \vee \psi$	disjonction
	$\varphi \wedge \psi$	conjonction
	$\exists x.\varphi$	quantification sur les étiquettes
	X	variable d'arbre
	$\exists X.\varphi$	quantification sur les arbres
	ξ	variable de récursion
	$\mu\xi.\varphi$	plus petit point fixe
	$\alpha = \alpha'$	égalité d'étiquettes
	φ^*	itération

4.4 Sémantique

$$
\begin{array}{lcl}
[\![0]\!]_{\rho,\delta} & = & \{0\} \\
[\![\top]\!]_{\rho,\delta} & = & \mathbb{H}_\Lambda \\
[\![\alpha[\varphi]]\!]_{\rho,\delta} & = & \{\rho(\alpha)[\sigma] / \sigma \in [\![\varphi]\!]_{\rho,\delta}\} \\
[\![\varphi|\psi]\!]_{\rho,\delta} & = & \{\sigma_1|\sigma_2 / \sigma_1 \in [\![\varphi]\!]_{\rho,\delta}, \sigma_2 \in [\![\psi]\!]_{\rho,\delta}\} \\
[\![\neg\varphi]\!]_{\rho,\delta} & = & \mathbb{H}_\Lambda \setminus [\![\varphi]\!]_{\rho,\delta} \\
[\![\varphi \vee \psi]\!]_{\rho,\delta} & = & [\![\varphi]\!]_{\rho,\delta} \cup [\![\psi]\!]_{\rho,\delta} \\
[\![\varphi \wedge \psi]\!]_{\rho,\delta} & = & [\![\varphi]\!]_{\rho,\delta} \cap [\![\psi]\!]_{\rho,\delta} \\
[\![\exists x.\varphi]\!]_{\rho,\delta} & = & \bigcup_{n \in \Lambda} [\![\varphi]\!]_{\rho[x \mapsto n],\delta} \\
[\![X]\!]_{\rho,\delta} & = & \{\rho(X)\} \\
[\![\exists X.\varphi]\!]_{\rho,\delta} & = & \bigcup_{I \in \mathbb{H}_\Lambda} [\![\varphi]\!]_{\rho[X \mapsto I],\delta} \\
[\![\xi]\!]_{\rho,\delta} & = & \delta(\xi) \\
[\![\mu\xi.\varphi]\!]_{\rho,\delta} & = & \cap\{S \subseteq \mathbb{H}_\Lambda / [\![\varphi]\!]_{\rho,\delta[\xi \mapsto S]} \subseteq S\} \\
[\![\alpha = \alpha']\!]_{\rho,\delta} & = & \mathbb{H}_\Lambda \text{ si } \rho(\alpha) = \rho(\alpha'),\ \emptyset \text{ sinon} \\
[\![\varphi^*]\!]_{\rho,\delta} & = & 0 \cup \bigcup_{i>0} \underbrace{[\![\varphi]\!]_{\rho,\delta}|\cdots|[\![\varphi]\!]_{\rho,\delta}}_{i fois}
\end{array}
$$

Nous considérons $\rho : \mathcal{T} \cup \lambda \longrightarrow \mathbb{H}_\Lambda$ et $\delta : \mathcal{R} \longrightarrow 2^{\mathbb{H}_\Lambda}$. La valuation $\rho[x \mapsto n]$ est identique à ρ à l'exception de la variable x à laquelle on associe n ; les valuations $\rho[X \mapsto I]$ et $\delta[\xi \mapsto S]$ sont définies de manière identique.

L'interprétation selon les valuations ρ et δ est une application qui associe à φ, un sous-ensemble d'arbres ; $[\![\ ]\!]_{\rho,\delta} : \varphi \longrightarrow [\![\varphi]\!]_{\rho,\delta} \subseteq \mathbb{H}_\Lambda$.

La définition de $[\![\mu\xi.\varphi]\!]_{\rho,\delta}$ est justifiée par les faits suivants :
Soit φ une formule de TQL, dont toute occurrence de la variable de récursion ξ apparait sous un nombre pair de négations, on note T_φ l'application de $2^{\mathbb{H}_\Lambda}$ dans $2^{\mathbb{H}_\Lambda}$ définie par : $\forall S \in 2^{\mathbb{H}_\Lambda}$, $T_\varphi(S) = [\![\varphi]\!]_{\rho,\delta[\xi \rightarrow S]}$. T_φ est une application continue et monotone du treillis complet $\mathbb{H}_\Lambda$ dans lui même. T_φ admet donc un plus petit point fixe qui est précisement $[\![\mu\xi.\varphi]\!]_{\rho,\delta}$.

4.5 Propriétés exprimables dans la logique TQL

Nous donnons maintenant quelques exemples de propriétés exprimables dans la logique TQL. [15]

La première formule exprime qu'au moins un des arbres de la haie a une racine étiquetée par a

$$\varphi_1 = \top \mid a[\top] \mid \top$$

Alors que la deuxième formule exprime que le premier arbre de la haie a une racine étiquétée par a

$$\varphi_2 = a[\top] \mid \top$$

La troisième exprime que la haie comporte seulement deux arbres dont le premier a une racine étiquetée par a et l'autre a une racine étiquetée par b

$$\varphi_3 = a[\top] \mid b[\top]$$

La formule φ_4 exprime que la haie possède un arbre dont la racine est étiquetée par a suivi au moins de deux arbres consécutives dont les racines sont étiquetées par b

$$\varphi_4 = \top \mid a[\top \mid b[\top] \mid b[\top] \mid \top] \mid \top$$

La formule φ_5 exprime le fait que tous les arbres de la haie ont des racines étiquetées par a

$$\varphi_5 = \mu\xi.(a[\top] \mid \xi \vee 0)$$

Alors que la formule φ_6 exprime que les arbres de la haie ont des racines étiquetées sur l'alphabet $\{a, b\}$

$$\varphi_6 = \mu\xi.((a[\top] \vee b[\top]) \mid \xi \vee 0)$$

Les propriétés ci-dessus sont des propriétés de types "*horizontales*", i.e exprimant des contraintes sur les fils d'un même nœud. Cependant, la logique TQL peut également exprimer des propriétés de chemin dites "*verticales*".

La formule suivante φ_7 exprime le fait que l'arbre possède un chemin dont les étiquettes des nœuds ne sont que des a

$$\varphi_7 = \mu\xi.((\top \vee a[\xi] \vee \top) \mid 0)$$

Propriétés horizontales et verticales peuvent se combiner.

La formule φ_8 expime le fait que tous les nœuds de l'arbre sont étiquetés sur l'alphabet $\{a, b\}$

$$\varphi_8 = \mu\xi.((a[\xi] \vee b[\xi]) \mid \xi \vee 0)$$

La formule φ_9 représente un ensemble d'arbres dans lesquels chaque nœud a autant de nœuds étiquetées par a que de nœuds étiquetées par b

$$\varphi_9 = \mu\xi.(a[\xi] \mid b[\xi] \mid \xi \vee 0)$$

La formule φ_{10} représente les arbres dans lesquels tout nœud (sauf les feuilles) a exactement trois nœuds, la première étiquetée par a, la seconde par b et la troisième ayant une étiquette arbitraire

$$\varphi_{10} = \mu\xi.(\exists x \; a[\xi] \mid b[\xi] \mid x[\xi] \vee 0)$$

Alors que φ_{11} représente les arbres dans lesquels tout nœud (sauf les feuilles) a exactement quatre nœuds, la première étiquetée par a, la seconde par b et les deux autres ayant la même étiquette arbitraire

$$\varphi_{11} = \mu\xi.(\exists x \; a[\xi] \mid b[\xi] \mid x[\xi] \mid x[\xi] \vee 0)$$

La logique TQL peut aussi exprimer des propriétés numériques.

La formule n_{pair} est vraie pour les arbres dont le nombre de nœuds est pair

$$n_{pair} = \mu\xi_{np}.((\exists x \; x[\xi_{np}] \mid n_{impair}) \vee (\exists x \; x[n_{impair}] \mid \xi_{np}) \vee 0)$$

où la sous formule n_{impair} est définie comme

$$n_{impair} = \mu\xi_{ni}.((\exists x \; x[\xi_{np}] \mid \xi_{np}) \vee (\exists x \; x[\xi_{ni}] \mid \xi_{ni}))$$

La formule $suivant(a, b)$ spécifie que le document contient un nœud étiqueté par$b$ se trouvant directement après d'un nœud étiqueté par a

$$suivant(a, b) = \mu\xi.((\top \mid a[\top \mid b[\top] \mid \top] \mid \top) \vee (\exists x \; \top \mid x[\xi] \mid \top))$$

La formule *present*(n) est vraie si le label n apparaît dans l'arbre

$$present(n) = \mu\xi.((\top \mid n[\top] \mid \top) \vee (\exists x\ \top \mid x[\xi] \mid \top))$$

La formule *distinct* spécifie le fait que les étiquettes des racines des arbres de la haie sont deux à deux distincts

$$distinct = \neg(\exists x\ \top \mid x[\top] \mid x[\top] \mid \top)$$

Enfin, nous exprimons qu'une haie est constituée de deux arbres, le premier dont la racine est étiquetée par a, le second dont la racine est étiqueté par b, et que les deux sous-arbres atteints par ces deux arêtes ne sont pas isomorphes par

$$\exists X\ a[X] \mid b[\neg X]$$

Chapitre 5

Les langages d'arbres et la logique TQL

5.1 Langage d'arbres hors-contexte et TQL

5.1.1 Quelques propriétés exprimables

Nous allons voir par la suite qu'on peut caractériser certains langages d'arbres comme modèles d'une formule de TQL particulière, alors que ce n'est pas possible pour d'autres. Nous commençons par des exemples sur les langages d'arbres réguliers.

La formule $\varphi = \mu\xi.(f[\xi] \vee a[0])$ caractérise le langage des arbres réguliers de la forme $f^n[a]$.

Alors que la formule $\varphi = \mu\xi.(f[\xi] \vee \psi)$ avec $\psi = \mu\xi.(h[\xi] \vee a[0])$ caractérise le langage des arbres réguliers de la forme $f^n[h^k[a]]$

On peut de même caractériser le langage des arbres réguliers de la forme $C[f^n[a], g^k[b]]$ par la formule $\varphi = C[\varphi_1 \mid \varphi_2]$ où $\varphi_1 = \mu\xi.(f[\xi] \vee a[0])$ et $\varphi_2 = \mu\xi.(g[\xi] \vee b[0])$

5.1.2 Propriétés non exprimables

La logique TQL présentée précèdemment [2, 5] ne permet cependant pas d'exprimer certains types de contraintes sur les arbres. Par exemple on ne peut pas exprimer $C[f^n[h^n[a]], g^k[i^k[b]]]$,....

Pour cela nous proposons d'introduire dans TQL des mécanismes plus puissants de récursion. Ceci nous conduit à introduire dans TQL un ensemble $\mathcal{V}$ de variables syntaxiques, dont les éléments seront notés $v_1, ..., v_k$, d'arité zéro, jouant le rôle de paramètres pour les formules logiques. Une formule, notée $\varphi(v_1, ..., v_k)$, dans laquelle ces variables syntaxiques apparaissent, représentera alors un langage de haies sur $\Lambda \cup \mathcal{V}$. Chaque haie $\mathfrak{h} \in \mathbb{H}_{\Lambda\cup\mathcal{V}}$, contenant k variables syntaxiques $v_1, ..., v_k$ doit être interprétée comme une application $\|\mathfrak{h}\|$ de $(\mathbb{H}_\Lambda)^k$ dans $\mathbb{H}_\Lambda$,

$$\|\mathfrak{h}\| : \quad (\mathbb{H}_\Lambda)^k \quad \longrightarrow \quad \mathbb{H}_\Lambda$$

définie inductivement par :

$\lVert\mathfrak{h}\rVert(\mathfrak{h}_1,...,\mathfrak{h}_k)$	:		
$\lVert 0\rVert(\mathfrak{h}_1,...,\mathfrak{h}_k)$	$\longrightarrow$	0	$(\lVert 1)$
$\lVert n\rVert(\mathfrak{h}_1,...,\mathfrak{h}_k)$	$\longrightarrow$	n	$(\lVert 2)$
$\lVert v_i\rVert(\mathfrak{h}_1,...,\mathfrak{h}_k)$	$\longrightarrow$	$\mathfrak{h}_i$ avec $i \in 1..k$	$(\lVert 3)$
$\lVert n[\mathfrak{h}']\rVert(\mathfrak{h}_1,...,\mathfrak{h}_k)$	$\longrightarrow$	$\{n[\sigma] \ / \ \sigma \in \lVert\mathfrak{h}'\rVert(\mathfrak{h}_1,...,\mathfrak{h}_k)\}$ avec $n \in \Lambda$	$(\lVert 4)$
$\lVert\mathfrak{h}' \mid \mathfrak{h}''\rVert(\mathfrak{h}_1,...,\mathfrak{h}_k)$	$\longrightarrow$	$\{\sigma_1 \mid \sigma_2 \ / \ \sigma_1 \in \lVert\mathfrak{h}'\rVert(\mathfrak{h}_1,...,\mathfrak{h}_k)$ et $,\sigma_2 \in \lVert\mathfrak{h}''\rVert(\mathfrak{h}_1,...,\mathfrak{h}_k)\}$	$(\lVert 5)$

5.1.3 Syntaxe proposée

$\alpha, \alpha' ::=$	étiquettes	
	n	étiquette constante
	x	variable d'étiquette
$\varphi(v_1,...,v_k)$, $\psi(v'_1,...,v'_{k'}) ::=$	formules	
	0	arbre vide
	$\top(v_1,...,v_k)$	vrai
	v	variable syntaxique
	$\alpha[\varphi(v_1,...,v_k)]$	extension
	$\varphi(v_1,...,v_k) \mid \psi(v'_1,...,v'_{k'})$	composition
	$\neg\varphi(v_1,...,v_k)$	négation
	$\varphi(v_1,...,v_k) \vee \psi(v'_1,...,v'_{k'})$	disjonction
	$\varphi(v_1,...,v_k) \wedge \psi(v'_1,...,v'_{k'})$	conjonction
	$\exists x.\varphi(v_1,...,v_k)$	quantification sur les étiquettes
	X	variable d'arbre
	$\exists X.\varphi(v_1,...,v_k)$	quantification sur les arbres
	$\xi[\varphi_1 \mid ... \mid \varphi_k]$	variable de récursion d'arité k
	$\mu\xi(v_1,...,v_k).\varphi(v_1,...,v_k)$	plus petit point fixe où φ ne contient pas d'autres point fixe μ
	$\alpha = \alpha'$	égalité d'étiquettes
	$\varphi^*(v_1,...,v_k)$	itération

Nous considérons un ensemble dénombrable d'étiquettes Λ notées n, un ensemble dénombrable λ de variables d'étiquettes notées x : α désignera soit une étiquette de Λ ou une variable d'étiquette de λ. Nous considérons d'autre part un ensemble dénombrable de variables syntaxiques $\mathcal{V}$ d'arité zéro, $(v_1,...,v_k)$ représentera un k-uplet de variables de $\mathcal{V}$ et nous considérons $\mathbb{H}_\Lambda$ l'ensemble des haies d'arbres ordonnés d'arité non-bornée dont les nœuds sont étiquetés par des éléments de Λ et $\mathbb{H}_{\Lambda\cup\mathcal{V}}$ l'ensemble des haies d'arbres ordonnés d'arité non-bornée notés τ dont les nœuds sont étiquetés par des éléments de $\Lambda \cup \mathcal{V}$.

Enfin nous considérons, un ensemble dénombrable $\mathcal{T}$ de variables d'arbres notées X, et un ensemble dénombrable $\mathcal{R}_\mathcal{V}$ de variables de récursion ayant chacune une arité k notées $\xi(v_1,...,v_k)$, où $v_1,...,v_k$ sont des variables syntaxiques. $\varphi(v_1,...,v_k), \psi(v'_1,...,v'_{k'})$ sont deux formules qui ont comme paramètres des éléments de $\mathcal{V}$.

5.1.4 Sémantique correspondante

Nous considérons $\rho : \mathcal{T} \cup \lambda \longrightarrow \mathbb{H}_{\Lambda \cup \mathcal{V}}$ et $\delta : \mathcal{R}_{\mathcal{V}} \longrightarrow 2^{\mathbb{H}_{\Lambda \cup \mathcal{V}}}$. La valuation $\rho[x \mapsto n]$ est identique à ρ à l'exception de la variable x à laquelle on associe n ; les valuations $\rho[X \mapsto I]$ et $\delta[\xi \mapsto S]$ sont définies de manière identique.

L'interprétation d'une formule $\varphi(v_1, ..., v_k)$ selon la valuation ρ et δ est une application $[\![\ ]\!]_{\rho,\delta}$ qui associe à chaque formule φ un ensemble de haies sur $\Lambda \cup \mathcal{V}$, défini inductivement par le tableau suivant :

$[\![\varphi(v_1, ..., v_k)]\!]_{\rho,\delta}$	:		
$[\![0]\!]_{\rho,\delta}$	=	$\{0\}$	([1)
$[\![\top(v_1, ..., v_k)]\!]_{\rho,\delta}$	=	$\mathbb{H}_{\Lambda \cup \mathcal{V}}$	([2)
$[\![v]\!]_{\rho,\delta}$	=	$\{v\}$	([3)
$[\![\alpha[\varphi(v_1, ..., v_k)]]\!]_{\rho,\delta}$	=	$\{\rho(\alpha)[\sigma] / \sigma \in [\![\varphi(v_1, ..., v_k)]\!]_{\rho,\delta}\}$	([4)
$[\![\varphi(v_1, ..., v_k) \mid \psi(v'_1, ..., v'_{k'})]\!]_{\rho,\delta}$	=	$\{\sigma_1 \mid \sigma_2 / \sigma_1 \in [\![\varphi(v_1, ..., v_k)]\!]_{\rho,\delta} \text{ et } \sigma_2 \in [\![\psi(v'_1, ..., v'_{k'})]\!]_{\rho,\delta}\}$	([5)
$[\![\neg\varphi(v_1, ..., v_k)]\!]_{\rho,\delta}$	=	$\mathbb{H}_{\Lambda \cup \mathcal{V}} \setminus [\![\varphi(v_1, ..., v_k)]\!]_{\rho,\delta}$	([6)
$[\![\varphi(v_1, ..., v_k) \vee \psi(v'_1, ..., v'_{k'})]\!]_{\rho,\delta}$	=	$[\![\varphi(v_1, ..., v_k)]\!]_{\rho,\delta} \cup [\![\psi(v'_1, ..., v'_{k'})]\!]_{\rho,\delta}$	([7)
$[\![\varphi(v_1, ..., v_k) \wedge \psi(v'_1, ..., v'_{k'})]\!]_{\rho,\delta}$	=	$[\![\varphi(v_1, ..., v_k)]\!]_{\rho,\delta} \cap [\![\psi(v'_1, ..., v'_{k'})]\!]_{\rho,\delta}$	([8)
$[\![\exists x.\varphi(v_1, ..., v_k)]\!]_{\rho,\delta}$	=	$\bigcup_{n \in \Lambda} [\![\varphi(v_1, ..., v_k)]\!]_{\rho[x \mapsto n],\delta}$	([9)
$[\![X]\!]_{\rho,\delta}$	=	$\{\rho(X)\}$	([10)
$[\![\exists X.\varphi(v_1, ..., v_k)]\!]_{\rho,\delta}$	=	$\bigcup_{I \in \mathbb{H}_{\Lambda \cup \mathcal{V}}} [\![\varphi(v_1, ..., v_k)]\!]_{\rho[X \mapsto I],\delta}$	([11)
$[\![\xi[\varphi_1 \mid ... \mid \varphi_k]]\!]_{\rho,\delta}$	=	$\{\Vert\tau\Vert(\sigma_1, .., \sigma_k) / \sigma_i \in [\![\varphi_i]\!]_{\rho,\delta} et \tau \in \delta(\xi)\}$	([12)
$[\![\mu\xi(v_1, ..., v_k).\varphi(v_1, ..., v_k)]\!]_{\rho,\delta}$	=	$\cap\{\mathcal{L} \subseteq \mathbb{H}_{\Lambda \cup \mathcal{V}} / \sharp\varphi(v_1, ..., v_k)\sharp_{\rho,\delta,\xi}(\mathcal{L}) \subseteq \mathcal{L}\}$	([13)
$[\![\alpha = \alpha']\!]_{\rho,\delta}$	=	$\mathbb{H}_{\Lambda \cup \mathcal{V}}$ si $\rho(\alpha) = \rho(\alpha')$, $\emptyset$ sinon	([14)
$[\![\varphi^*(v_1, ..., v_k)]\!]_{\rho,\delta}$	=	$0 \cup \bigcup_{i > 0} \underbrace{[\![\varphi(v_1, ..., v_k)]\!]_{\rho,\delta} \mid ... \mid [\![\varphi(v_1, ..., v_k)]\!]_{\rho,\delta}}_{i fois}$	([15)

Ce tableau diffère de la définition initiale de TQL, en deux points :

1. $[\![\varphi(v_1, ..., v_k)]\!]_{\rho,\delta}$ est un sous-ensemble de $\mathbb{H}_{\Lambda \cup \mathcal{V}}$ au lieu d'être un sous-ensemble de $\mathbb{H}_{\Lambda}$.
2. L'interprétation des formules φ contenant des opérateurs de point fixe $\mu\xi$ est basée sur la notion de plus petit point fixe d'un opérateur qui prend en compte la présence de variables syntaxiques dans φ. Plus précisément : On associe à une formule $\varphi(v_1, ..., v_k)$ un opérateur noté $\sharp\varphi(v_1, ..., v_k)\sharp_{\rho,\delta,\xi}$ de $2^{\mathbb{H}_{\Lambda \cup \mathcal{V}}}$ dans $2^{\mathbb{H}_{\Lambda \cup \mathcal{V}}}$, (pour simplifier l'écriture nous désignons par δ' la notation δ, ξ),

$$\sharp\varphi(v_1, ..., v_k)\sharp_{\rho,\delta'} : \begin{array}{ccc} 2^{\mathbb{H}_{\Lambda \cup \mathcal{V}}} & \longrightarrow & 2^{\mathbb{H}_{\Lambda \cup \mathcal{V}}} \\ \mathcal{L} & \longrightarrow & \mathcal{L}' \end{array}$$

défini récursivement par :

$$
\begin{array}{lcll}
\sharp\varphi(v_1,...,v_k)\sharp_{\rho,\delta'}(\mathcal{L}) & : & & \\
\sharp 0\sharp_{\rho,\delta'}(\mathcal{L}) & = & \{0\} & (\sharp 1)\\
\sharp\top(v_1,...,v_k)\sharp_{\rho,\delta'}(\mathcal{L}) & = & \mathbb{H}_{\Lambda\cup\mathcal{V}} & (\sharp 2)\\
\sharp v\sharp_{\rho,\delta'}(\mathcal{L}) & = & \{v\} & (\sharp 3)\\
\sharp\alpha[\varphi]\sharp_{\rho,\delta'}(\mathcal{L}) & = & \{\rho(\alpha)[\sigma]/_{\sigma\in\sharp\varphi\sharp_{\rho,\delta'}(\mathcal{L})}\} & (\sharp 4)\\
\sharp\varphi(v_1,...,v_k)|\psi(v'_1,...,v'_{k'})\sharp_{\rho,\delta'}(\mathcal{L}) & = & \{\sigma_1|\sigma_2/_{\sigma_1\in\sharp\varphi(v_1,...,v_k)\sharp_{\rho,\delta'}(\mathcal{L})\text{ et }\sigma_2\in\sharp\psi(v'_1,...,v'_{k'})\sharp_{\rho,\delta'}(\mathcal{L})}\} & (\sharp 5)\\
\sharp\neg\varphi(v_1,...,v_k)\sharp_{\rho,\delta'}(\mathcal{L}) & = & \mathbb{H}_{\Lambda\cup\mathcal{V}}\setminus\sharp\varphi(v_1,...,v_k)\sharp_{\rho,\delta'}(\mathcal{L}) & (\sharp 6)\\
\sharp\varphi(v_1,...,v_k)\vee\psi(v'_1,...,v'_{k'})\sharp_{\rho,\delta'}(\mathcal{L}) & = & \sharp\varphi(v_1,...,v_k)\sharp_{\rho,\delta'}(\mathcal{L})\cup\sharp\psi(v'_1,...,v'_{k'})\sharp_{\rho,\delta'}(\mathcal{L}) & (\sharp 7)\\
\sharp\varphi(v_1,...,v_k)\wedge\psi(v'_1,...,v'_{k'})\sharp_{\rho,\delta'}(\mathcal{L}) & = & \sharp\varphi(v_1,...,v_k)\sharp_{\rho,\delta'}(\mathcal{L})\cap\sharp\psi(v'_1,...,v'_{k'})\sharp_{\rho,\delta'}(\mathcal{L}) & (\sharp 8)\\
\sharp\exists x.\varphi(v_1,...,v_k)\sharp_{\rho,\delta'}(\mathcal{L}) & = & \bigcup_{n\in\Lambda}\sharp\varphi(v_1,...,v_k)\sharp_{\rho[x\mapsto n],\delta'}(\mathcal{L}) & (\sharp 9)\\
\sharp X\sharp_{\rho,\delta'}(\mathcal{L}) & = & \{\rho(X)\} & (\sharp 10)\\
\sharp\exists X.\varphi(v_1,...,v_k)\sharp_{\rho,\delta'}(\mathcal{L}) & = & \bigcup_{I\in\mathbb{H}_{\Lambda\cup\mathcal{V}}}\sharp\varphi(v_1,...,v_k)\sharp_{\rho[X\mapsto I],\delta'}(\mathcal{L}) & (\sharp 11)\\
\sharp\eta[\varphi_1|...|\varphi_k]\sharp_{\rho,\delta'}(\mathcal{L}) & = & \{\|\tau\|(\sigma_1,..,\sigma_k)/\tau\in\delta(\eta),\sigma_i\in\sharp\varphi_i\sharp_{\rho,\delta'}(\mathcal{L})\},\ \text{si } \eta\neq\xi & (\sharp 12)\\
 & = & \{\|\tau\|(\sigma_1,..,\sigma_k)/\tau\in\mathcal{L},\sigma_i\in\sharp\varphi_i\sharp_{\rho,\delta'}(\mathcal{L})\},\ \text{si } \eta=\xi & (\sharp 13)\\
\sharp\alpha{=}\alpha'\sharp_{\rho,\delta'}(\mathcal{L}) & = & \mathbb{H}_{\Lambda\cup\mathcal{V}}\ \text{si } \rho(\alpha)=\rho(\alpha'),\ \emptyset\ \text{sinon} & (\sharp 14)\\
\sharp\varphi^*(v_1,...,v_k)\sharp_{\rho,\delta'}(\mathcal{L}) & = & 0\cup\bigcup_{i>0}\underbrace{\sharp\varphi(v_1,...,v_k)\sharp_{\rho,\delta'}(\mathcal{L})|...|\sharp\varphi(v_1,...,v_k)\sharp_{\rho,\delta'}(\mathcal{L})}_{i\,fois} & (\sharp 15)
\end{array}
$$

Lorsque chaque occurrence de la variable ξ apparait sous un nombre pair de négations, l'opérateur $\sharp\varphi(v_1,...,v_k)\sharp_{\rho,\delta'}$ est monotone et continue. D'après le théorème de Knaster-Tarski [12], il admet donc un plus petit point fixe dont la valeur est $= \cap\{\mathcal{L}\subseteq\mathbb{H}_{\Lambda\cup\mathcal{V}}/\sharp\varphi(v_1,...,v_k)\sharp_{\rho,\delta'}(\mathcal{L})\subseteq\mathcal{L}\}$ ou encore $\bigcup_{i\geq 0}\sharp\varphi(v_1,...,v_k)\sharp^{i}_{\rho,\delta'}(\emptyset)$

Exemple de calcul du plus petit point fixe

Soit $\varphi(v)=\mu\xi(v).(f[\xi[h[\xi[v]]]]\vee v)$.

$$[\![\varphi(v)]\!]_{\rho,\delta}=[\![\mu\xi(v).(f[\xi[h[\xi[v]]]]\vee v)]\!]_{\rho,\delta}\overset{([\![12)}{=}\bigcup_{i\geq 0}\sharp f[\xi[h[\xi[v]]]]\vee v\sharp^{i}_{\rho,\delta'}(\emptyset)$$

- *i=0 :* $\mathcal{L}_0 = \emptyset$

- *i=1 :* $\mathcal{L}_1 = \sharp f[\xi[h[\xi[v]]]]\vee v\sharp^{1}_{\rho,\delta'}(\mathcal{L}_0)\overset{(\sharp 7)}{=}\sharp f[\xi[h[\xi[v]]]]\sharp_{\rho,\delta'}(\mathcal{L}_0)\cup\sharp v\sharp_{\rho,\delta'}(\mathcal{L}_0)$ (1)

  mais

  ◦ $\sharp v\sharp_{\rho,\delta'}(\mathcal{L}_0)\overset{(\sharp 3)}{=}\{v\}$ (2)

  ◦ $\sharp f[\xi[h[\xi[v]]]]\sharp_{\rho,\delta'}(\mathcal{L}_0)\overset{(\sharp 4)}{=}\{f[\sigma]/\sigma\in\sharp\xi[h[\xi[v]]]\sharp_{\rho,\delta'}(\mathcal{L}_0)\}$ (3)

  ◦ $\sharp\xi[h[\xi[v]]]\sharp_{\rho,\delta'}(\mathcal{L}_0)\overset{(\sharp 13)}{=}\emptyset$ (4)

  ◦ (3) *et* (4) $\Rightarrow\sharp f[\xi[h[\xi[v]]]]\sharp_{\rho,\delta'}(\mathcal{L}_0)=\emptyset$ (5)

  d'où (1), (2) *et* (5) $\Rightarrow$

  $\mathcal{L}_1 = \{v\}$

• $i=2$:

$$\mathcal{L}_2 = \sharp f[\xi[h[\xi[v]]]] \vee v\sharp^2_{\rho,\delta'}(\mathcal{L}_0) \overset{(\sharp 7)}{=} \sharp f[\xi[h[\xi[v]]]]\sharp_{\rho,\delta'}(\mathcal{L}_1) \cup \sharp v\sharp_{\rho,\delta'}(\mathcal{L}_1) \quad (1)$$

mais

- $\sharp v\sharp_{\rho,\delta'}(\mathcal{L}_1) \overset{(\sharp 3)}{=} \{v\}$ (2)
- $\sharp f[\xi[h[\xi[v]]]]\sharp_{\rho,\delta'}(\mathcal{L}_1) \overset{(\sharp 4)}{=} \{f[\sigma]/\sigma \in \sharp\xi[h[\xi[v]]]\sharp_{\rho,\delta'}(\mathcal{L}_1)\}$ (3)
- $\sharp\xi[h[\xi[v]]]\sharp_{\rho,\delta'}(\mathcal{L}_1) \overset{(\sharp 13)}{=} \{\|v\|(\sigma)/\sigma \in \sharp h[\xi[v]]\sharp_{\rho,\delta'}(\mathcal{L}_1)\}$ (4)
- $\sharp h[\xi[v]]\sharp_{\rho,\delta'}(\mathcal{L}_1) \overset{(\sharp 4)}{=} \{h[\sigma]/\sigma \in \sharp\xi[v]\sharp_{\rho,\delta'}(\mathcal{L}_1)\}$ (5)
- $\sharp\xi[v]\sharp_{\rho,\delta'}(\mathcal{L}_1) \overset{(\sharp 13)}{=} \{\|v\|(v)\} \overset{(\|3)}{=} \{v\}$ (6)
- $(5)\ et\ (6) \Rightarrow \sharp h[\xi[v]]\sharp_{\rho,\delta'}(\mathcal{L}_1) = \{h[v]\}$ (7)
- $(4)\ et\ (7) \Rightarrow \sharp\xi[h[\xi[v]]]\sharp_{\rho,\delta'}(\mathcal{L}_1) = \{\|v\|(h[v])\} \overset{(\|3)}{=} \{h[v]\}$ (8)
- $(3)\ et\ (8) \Rightarrow \sharp f[\xi[h[\xi[v]]]]\sharp_{\rho,\delta'}(\mathcal{L}_1) = \{f[h[v]]\}$ (9)

d'où (1), $(2)\ et\ (9) \Rightarrow$

$$\mathcal{L}_2 = \{v, f[h[v]]\}$$

• $i=3$:

$$\mathcal{L}_3 = \sharp f[\xi[h[\xi[v]]]] \vee v\sharp^3_{\rho,\delta'}(\mathcal{L}_0) \overset{(\sharp 7)}{=} \sharp f[\xi[h[\xi[v]]]]\sharp_{\rho,\delta'}(\mathcal{L}_2) \cup \sharp v\sharp_{\rho,\delta'}(\mathcal{L}_2) \quad (1)$$

mais

- $\sharp v\sharp_{\rho,\delta'}(\mathcal{L}_2) \overset{(\sharp 3)}{=} \{v\}$ (2)
- $\sharp f[\xi[h[\xi[v]]]]\sharp_{\rho,\delta'}(\mathcal{L}_2) \overset{(\sharp 4)}{=} \{f[\sigma]/\sigma \in \sharp\xi[h[\xi[v]]]\sharp_{\rho,\delta'}(\mathcal{L}_2)\}$ (3)
- $\sharp\xi[h[\xi[v]]]\sharp_{\rho,\delta'}(\mathcal{L}_2) \overset{(\sharp 13)}{=}$
  $\{\|v\|(\sigma_1), \|f[h[v]]\|(\sigma_2)/\sigma_1,\sigma_2 \in \sharp h[\xi[v]]\sharp_{\rho,\delta'}(\mathcal{L}_2)\}$ (4)
- $\sharp h[\xi[v]]\sharp_{\rho,\delta'}(\mathcal{L}_2) \overset{(\sharp 4)}{=} \{h[\sigma]/\sigma \in \sharp\xi[v]\sharp_{\rho,\delta'}(\mathcal{L}_2)\}$ (5)
- $\sharp\xi[v]\sharp_{\rho,\delta'}(\mathcal{L}_2) \overset{(\sharp 13)}{=} \{\|v\|(v), \|f[h[v]]\|(v)\}$ (6)
- $\|v\|(v) \overset{(\|3)}{=} v$ (7)
- $\|f[h[v]]\|(v) \overset{(\|4)}{=} \{f[t_5]/t_5 \in \|h[v]\|(v)\}$ (8)
- $\|h[v]\|(v) \overset{(\|4)}{=} \{h[t_6]/t_6 \in \|v\|(v)\}$ (9)
- $(7)\ et\ (9) \Rightarrow \|h[v]\|(v) = \{h[v]\}$ (10)
- $(8)\ et\ (10) \Rightarrow \|f[h[v]]\|(v) = \{f[h[v]]\}$ (11)
- $(6)\ (7)\ et\ (11) \Rightarrow \sharp\xi[v]\sharp_{\rho,\delta'}(\mathcal{L}_2) = \{v, f[h[v]]\}$ (12)
- $(5)\ et\ (12) \Rightarrow \sharp h[\xi[v]]\sharp_{\rho,\delta'}(\mathcal{L}_2) = \{h[v], h[f[h[v]]]\}$ (13)
- $(4)\ et\ (13) \Rightarrow \sharp\xi[h[\xi[v]]]\sharp_{\rho,\delta'}(\mathcal{L}_2) =$
  $\{\|v\|(h[v]), \|v\|(h[f[h[v]]]), \|f[h[v]]\|(h[v]), \|f[h[v]]\|(h[f[h[v]]])\}$ (14)
- $\|v\|(h[v]) \overset{(\|3)}{=} h[v]$ (15)
- $\|v\|(h[f[h[v]]]) \overset{(\|3)}{=} h[f[h[v]]]$ (16)
- $\|f[h[v]]\|(h[v]) \overset{(\|4)}{=} \{f[\sigma]/\sigma \in \|h[v]\|(h[v])\}$ (17)
- $\|h[v]\|(h[v]) \overset{(\|4)}{=} \{h[\sigma]/\sigma \in \|v\|(h[v])\}$ (18)
- $(15)\ et\ (18) \Rightarrow \|h[v]\|(h[v]) = \{h[h[v]]\}$ (19)
- $(17)\ et\ (19) \Rightarrow \|f[h[v]]\|(h[v]) = \{f[h[h[v]]]\}$ (20)
- $\|f[h[v]]\|(h[f[h[v]]]) \overset{(\|4)}{=} \{f[\sigma]/\sigma \in \|h[v]\|(h[f[h[v]]])\}$ (21)

$\circ\ \|h[v]\|(h[f[h[v]]]) \stackrel{(\|4)}{=} \{h[\sigma]/\sigma \in \|v\|(h[f[h[v]]])\}$ (22)

$\circ\ (16)\, et\, (22) \Rightarrow \|h[v]\|(h[f[h[v]]]) = \{h[h[f[h[v]]]]\}$ (23)

$\circ\ (21)\, et\, (23) \Rightarrow \|f[h[v]]\|(h[f[h[v]]]) = \{f[h[h[f[h[v]]]]]\}$ (24)

$\circ\ (14), (15), (16), (20)\, et\, (24) \Rightarrow \sharp\xi[h[\xi[v]]]\sharp_{\rho,\delta'}(\mathcal{L}_2) =$
$\{h[v], h[f[h[v]]], f[h[h[v]]], f[h[h[f[h[v]]]]]\}$ (25)

$\circ\ (3)\, et\, (25) \Rightarrow \sharp f[\xi[h[\xi[v]]]]\sharp_{\rho,\delta'}(\mathcal{L}_2) =$
$\{f[h[v]], f[h[f[h[v]]]], f[f[h[h[v]]]], f[f[h[h[f[h[v]]]]]]\}$ (26)

d'où $(1), (2)\, et\, (26) \Rightarrow$

$\mathcal{L}_3 = \{v, f[h[v]], f[h[f[h[v]]]], f[f[h[h[v]]]], f[f[h[h[f[h[v]]]]]]\}$

- $i=4$: $\mathcal{L}_4 = ...$

Donc $[\![\varphi(v)]\!]_{\rho,\delta} = \{v, f[h[v]], f[h[f[h[v]]]], f[f[h[h[v]]]], f[f[h[h[f[h[v]]]]]], ...\}$

5.1.5 Quelques exemples

Le langage $\{f^n[h^n[a]]/n \geq 0\}$ est ainsi caractérisé par la formule $\psi \equiv \varphi(a[0])$ où $\varphi(v)$ est définie par $\varphi(v) = \mu\xi(v).(f[\xi[h[v]]] \vee v)$. De même la formule $\psi \equiv \varphi(g[a[0]|b[0]])$ caractérise le langage $\{f^n[h^n[g[a|b]]]/n \geq 0\}$.

Si la formule $\varphi(v, v')$ est définie par $\varphi(v, v') = C[\varphi_1(v) \mid \varphi_2(v')]$ avec $\varphi_1(v) = \mu\xi(v).(f[\xi[h[v]]] \vee v)$ et $\varphi_2(v) = \mu\xi(v).(g[\xi[i[v]]] \vee v)$, alors, la formule $\psi \equiv \varphi(a[0], b[0])$ caractérise le langage $\{C[f^n[h^n[a]], g^k[i^k[b]]]/n, k \geq 0\}$.

De même, le langage $\{C[f^n[h^n[j[a,a], j[b,b]]], g^k[h^k[j[c,c], j[d,d]]]]/n, k \geq 0\}$ est caractérisé par la formule $\psi \equiv \varphi(j[a[0]|a[0]]|j[b[0]|b[0]], j[c[0]|c[0]]|j[d[0]|d[0]])$.

le langage $\{C[f^n[h^n[j[a,b], j[c,d]]], g^k[h^k[j[a,b], j[c,d]]]]/n, k \geq 0\}$ sera caractérisé par la formule $\psi \equiv \varphi(j[a[0]|b[0]]|j[c[0]|d[0]])$ si $\varphi(v) = C[\varphi_1(v) \mid \varphi_2(v)]$ avec $\varphi_1(v) = \mu\xi(v).(f[\xi[h[v]]] \vee v)$ et $\varphi_2(v) = \mu\xi[v].(g[\xi[i[v]]] \vee v)$.

Nous pouvons de même exprimer des contraintes verticales et horizontales simultanément, la formule $\psi \equiv \varphi(c)$ par exemple où $\varphi(v)$ est définie par $\varphi(v) = C[\varphi_1(v)]$ avec $\varphi_1(v) = \mu\xi(v).((a[0] \mid \xi[f[v]] \mid b[0]) \vee v)$ caractérise le langage $\{C[\underbrace{a|...|a}_{n fois}|f^n[c]|\underbrace{b|...|b}_{n fois}]/n \geq 0\}$

Interprétations

I- $[\![\psi]\!]_{\rho,\delta}$

II- $[\![\varphi(v)]\!]_{\rho,\delta}$

III- $[\![\varphi_1(v)]\!]_{\rho,\delta}$

Commençons par *III*

$$[\![\varphi_1(v)]\!]_{\rho,\delta} = [\![\mu\xi(v).((a[0] \mid \xi[f[v]] \mid b[0]) \vee v)]\!]_{\rho,\delta} \overset{([\![12)}{=} \bigcup_{i\geq 0} \sharp(a[0] \mid \xi[f[v]] \mid b[0]) \vee v\sharp^{i}_{\rho,\delta'}(\emptyset)$$

- $i{=}0$: $\mathcal{L}_0 = \emptyset$

- $i{=}1$: $\mathcal{L}_1 = \sharp(a[0] \mid \xi[f[v]] \mid b[0]) \vee v\sharp^{1}_{\rho,\delta'}(\mathcal{L}_0)$

$\overset{(\sharp7)}{=} \sharp a[0] \mid \xi[f[v]] \mid b[0]\sharp_{\rho,\delta'}(\mathcal{L}_0) \cup \sharp v\sharp_{\rho,\delta'}(\mathcal{L}_0)$ (1)

mais

∘ $\sharp v\sharp_{\rho,\delta'}(\mathcal{L}_0) \overset{(\sharp3)}{=} \{v\}$ (2)

∘ $\sharp a[0] \mid \xi[f[v]] \mid b[0]\sharp_{\rho,\delta'}(\mathcal{L}_0) \overset{(\sharp5)}{=}$

$\{\sigma_1 \mid \sigma_2 \mid \sigma_3 / \ \sigma_1 \in \sharp a[0]\sharp_{\rho,\delta'}(\mathcal{L}_0), \sigma_2 \in \sharp\xi[f[v]]\sharp_{\rho,\delta'}(\mathcal{L}_0) \text{ et } \sigma_3 \in \sharp b[0]\sharp_{\rho,\delta'}(\mathcal{L}_0)\}$ (3)

∘ $\sharp a[0]\sharp_{\rho,\delta'}(\mathcal{L}_0) \overset{(\sharp4)}{=} \{a[\sigma]/\sigma \in \sharp 0\sharp_{\rho,\delta'}(\mathcal{L}_0)\}$ (4)

∘ $\sharp 0\sharp_{\rho,\delta'}(\mathcal{L}_0) \overset{(\sharp1)}{=} \{0\}$ (5)

∘ (4) *et* (5) $\Rightarrow \sharp a[0]\sharp_{\rho,\delta'}(\mathcal{L}_0) = \{a[0]\}$ (6)

∘ $\sharp\xi[f[v]]\sharp_{\rho,\delta'}(\mathcal{L}_0) \overset{(\sharp13)}{=} \emptyset$ (7)

∘ $\sharp b[0]\sharp_{\rho,\delta'}(\mathcal{L}_0) \overset{(\sharp4)}{=} \{b[\sigma]/\sigma \in \sharp 0\sharp_{\rho,\delta'}(\mathcal{L}_0)\}$ (8)

∘ (5) *et* (8) $\Rightarrow \sharp b[0]\sharp_{\rho,\delta'}(\mathcal{L}_0) = \{b[0]\}$ (9)

∘ (3), (6), (7) *et* (9) $\Rightarrow \sharp a[0] \mid \xi[f[v]] \mid b[0]\sharp_{\rho,\delta'}(\mathcal{L}_0) = \emptyset$ (10)

d'où (1) , (2) *et* (10) $\Rightarrow$

$\mathcal{L}_1 = \{v\}$

- $i{=}2$: $\mathcal{L}_2 = \sharp(a[0] \mid \xi[f[v]] \mid b[0]) \vee v\sharp^{2}_{\rho,\delta'}(\mathcal{L}_0)$

$\overset{(\sharp7)}{=} \sharp a[0] \mid \xi[f[v]] \mid b[0]\sharp_{\rho,\delta'}(\mathcal{L}_1) \cup \sharp v\sharp_{\rho,\delta'}(\mathcal{L}_1)$ (1)

mais

∘ $\sharp v\sharp_{\rho,\delta'}(\mathcal{L}_1) \overset{(\sharp3)}{=} \{v\}$ (2)

∘ $\sharp a[0] \mid \xi[f[v]] \mid b[0]\sharp_{\rho,\delta'}(\mathcal{L}_1) \overset{(\sharp5)}{=}$

$\{\sigma_1 \mid \sigma_2 \mid \sigma_3 / \ \sigma_1 \in \sharp a[0]\sharp_{\rho,\delta'}(\mathcal{L}_1), \sigma_2 \in \sharp\xi[f[v]]\sharp_{\rho,\delta'}(\mathcal{L}_1) \text{ et } \sigma_3 \in \sharp b[0]\sharp_{\rho,\delta'}(\mathcal{L}_1)\}$ (3)

∘ $\sharp a[0]\sharp_{\rho,\delta'}(\mathcal{L}_1) \overset{(\sharp4)}{=} \{a[\sigma]/\sigma \in \sharp 0\sharp_{\rho,\delta'}(\mathcal{L}_1)\}$ (4)

∘ $\sharp 0\sharp_{\rho,\delta'}(\mathcal{L}_1) \overset{(\sharp1)}{=} \{0\}$ (5)

∘ (4) *et* (5) $\Rightarrow \sharp a[0]\sharp_{\rho,\delta'}(\mathcal{L}_1) = \{a[0]\}$ (6)

∘ $\sharp\xi[f[v]]\sharp_{\rho,\delta'}(\mathcal{L}_1) \overset{(\sharp13)}{=} \{\|v\|(f[v])\}$ (7)

∘ $\|v\|(f[v]) \overset{(\|3)}{=} f[v]$ (8)

∘ (7) *et* (8) $\Rightarrow \sharp\xi[f[v]]\sharp_{\rho,\delta'}(\mathcal{L}_1) = \{f[v]\}$ (9)

∘ $\sharp b[0]\sharp_{\rho,\delta'}(\mathcal{L}_1) \overset{(\sharp4)}{=} \{b[\sigma]/\sigma \in \sharp 0\sharp_{\rho,\delta'}(\mathcal{L}_1)\}$ (10)

∘ (5) *et* (10) $\Rightarrow \sharp b[0]\sharp_{\rho,\delta'}(\mathcal{L}_1) = \{b[0]\}$ (11)

∘ (3), (6), (9) *et* (11) $\Rightarrow$

$\sharp a[0] \mid \xi[f[v]] \mid b[0]\sharp_{\rho,\delta'}(\mathcal{L}_1) = \{a[0] \mid f[v] \mid b[0]\}$ (12)

d'où (1) , (2) *et* (12) $\Rightarrow$

$\mathcal{L}_2 = \{v, a[0] \mid f[v] \mid b[0]\}$

- $i{=}3$: $\mathcal{L}_3 \ = ...$

Donc $[\![\varphi_1(v)]\!]_{\rho,\delta} = \{v, a[0] \mid f[v] \mid b[0], a[0] \mid a[0] \mid f[f[v]] \mid b[0] \mid b[0], ...\}$

$II-$ $[\![\varphi(v)]\!]_{\rho,\delta} = [\![C[\varphi_1(v)]]\!]_{\rho,\delta} \overset{([\![4)}{=} \{C[\sigma]/\sigma \in [\![\varphi_1(v)]\!]_{\rho,\delta}\}$
Alors $[\![\varphi(v)]\!]_{\rho,\delta} = \{C[v], C[a[0] \mid f[v] \mid b[0]], C[a[0] \mid a[0] \mid f[f[v]] \mid b[0] \mid b[0]], ...\}$

$I-$ $[\![\psi]\!]_{\rho,\delta} = [\![\varphi(c)]\!]_{\rho,\delta}$ nous obtiendrons la résultat en remplaçant v par c dans II :
d'où $[\![\psi]\!]_{\rho,\delta} = \{C[c], C[a[0] \mid f[c] \mid b[0]], C[a[0] \mid a[0] \mid f[f[c]] \mid b[0] \mid b[0]], ...\}$

5.2 Langage synchronisé de n-uplets d'arbres et TQL

Nous avons vu dans la section précédente une version de TQL qui interprète les formules contenant des variables syntaxiques. Malgré cette modification, la logique TQL reste incapable d'exprimer les langages synchronisés de n-uplets d'arbres comme par exemple $\{C[f^n[h^k[a]], g^{2n}[i^k[b]]]/n, k \geq 0\}$.

Pour cela nous allons enrichir à nouveau les mécanismes de récursion de TQL de manière à permettre des récursions simultanées dans les haies.

Nous considérons $\mathbb{H}_{\Lambda\cup\overrightarrow{\mathcal{V}}}$ l'ensemble des haies d'arbres ordonnés d'arité non-bornée notées τ dont certaines variables syntaxiques sont synchronisées entre elles pour former des vecteurs de variables. On suppose que deux vecteurs de variables différents apparaissant dans une même formule ne peuvent avoir de variable en commun. A chaque τ, contenant k vecteurs de variables syntaxiques $\overrightarrow{v} = (\overrightarrow{v_1}, ..., \overrightarrow{v_k}) = ((v_1^1, ..., v_1^{p_1}), ..., (v_k^1, ..., v_k^{p_k}))$, on associe une application $\dagger\tau\dagger_{\overrightarrow{v}}$ de $(\mathbb{H}_{\Lambda\cup\overrightarrow{\mathcal{V}}})^{p_1} \times ... \times (\mathbb{H}_{\Lambda\cup\overrightarrow{\mathcal{V}}})^{p_k}$ dans $\mathbb{H}_{\Lambda\cup\overrightarrow{\mathcal{V}}}$,

$$\begin{array}{rccc} \dagger\tau\dagger_{\overrightarrow{v}} : & (\mathbb{H}_{\Lambda\cup\overrightarrow{\mathcal{V}}})^{p_1} \times ... \times (\mathbb{H}_{\Lambda\cup\overrightarrow{\mathcal{V}}})^{p_k} & \longrightarrow & \mathbb{H}_{\Lambda\cup\overrightarrow{\mathcal{V}}} \\ & \overrightarrow{h} = (\overrightarrow{h_1}, ..., \overrightarrow{h_k}) = ((h_1^1, ..., h_1^{p_1}), ..., (h_k^1, ..., h_k^{p_k})) & \longrightarrow & \dagger\tau\dagger_{\overrightarrow{v}}(\overrightarrow{h}) \end{array}$$

définie inductivement par :

$$\begin{array}{llll} \dagger\tau\dagger_{\overrightarrow{v}} & : & & \\ \dagger 0\dagger_{\overrightarrow{v}}(\overrightarrow{h}) & \longrightarrow & 0 & (\dagger 1) \\ \dagger v_i^j\dagger_{\overrightarrow{v}}(\overrightarrow{h}) & \longrightarrow & h_i^j \text{ avec } i \in 1..k \text{ et } j \in 1..p_i & (\dagger 2) \\ \dagger n[\tau']\dagger_{\overrightarrow{v}}(\overrightarrow{h}) & \longrightarrow & n[\dagger\tau'\dagger_{\overrightarrow{v}}(\overrightarrow{h})] & (\dagger 3) \\ \dagger\tau' \mid \tau''\dagger_{\overrightarrow{v}}(\overrightarrow{h}) & \longrightarrow & \dagger\tau'\dagger_{\overrightarrow{v}}(\overrightarrow{h}) \mid \dagger\tau''\dagger_{\overrightarrow{v}}(\overrightarrow{h}) & (\dagger 4) \end{array}$$

5.2.1 Nouvelle syntaxe

Nous étendons la syntaxe précédente de manière à introduire un type plus général de récursion. Ainsi nous considérons un ensemble dénombrable $\overrightarrow{\mathcal{R}_{\mathcal{V}}}$ de tuples de variables de récursion,

notées $\overrightarrow{\xi}(\overrightarrow{v_1},...,\overrightarrow{v_k}) = (\xi_1(\overrightarrow{v_1^1},...,\overrightarrow{v_{k^1}^1}),...,\xi_p(\overrightarrow{v_1^p},...,\overrightarrow{v_{k^p}^p}))$, avec $\{\overrightarrow{v_1},...,\overrightarrow{v_k}\} = \cup_{i=1,..,p}\{\overrightarrow{v_1^i},...,\overrightarrow{v_{k^i}^i}\}$, qui permettront de générer un ensemble de p-uples de haies de $\mathbb{H}_{\Lambda\cup\overrightarrow{\mathcal{V}}}$.
$\overrightarrow{\xi}$ joue le rôle d'un chef d'orchestre qui garantit le fait que chaque itération lors du calcul de $\mu\overrightarrow{\xi}(\overrightarrow{v_1},...,\overrightarrow{v_k})$ se traduit par p itérations simultanées : la première dans le calcul de $\mu\xi_1(\overrightarrow{v_1^1},...,\overrightarrow{v_{k^1}^1})$, ..., la pieme dans la calcul de $\mu\xi_p(\overrightarrow{v_1^p},...,\overrightarrow{v_{k^p}^p})$.

La nouvelle syntaxe devient donc :

$\alpha, \alpha' ::=$	étiquettes	
	n	étiquette constante
	x	variable d'étiquette
$\varphi(\overrightarrow{v_1},...,\overrightarrow{v_k})$, $\psi(\overrightarrow{v'_1},...,\overrightarrow{v'_{k'}}) ::=$	formules	
	0	arbre vide
	$\top(\overrightarrow{v_1},...,\overrightarrow{v_k})$	vrai
	v	variable syntaxique
	$\alpha[\varphi(\overrightarrow{v_1},...,\overrightarrow{v_k})]$	extension
	$\varphi(\overrightarrow{v_1},...,\overrightarrow{v_k})\|\psi(\overrightarrow{v'_1},...,\overrightarrow{v'_{k'}})$	composition
	$\neg\varphi(\overrightarrow{v_1},...,\overrightarrow{v_k})$	négation
	$\varphi(\overrightarrow{v_1},...,\overrightarrow{v_k}) \vee \psi(\overrightarrow{v'_1},...,\overrightarrow{v'_{k'}})$	disjonction
	$\varphi(\overrightarrow{v_1},...,\overrightarrow{v_k}) \wedge \psi(\overrightarrow{v'_1},...,\overrightarrow{v'_{k'}})$	conjonction
	$\exists x.\varphi(\overrightarrow{v_1},...,\overrightarrow{v_k})$	quantification sur les étiquettes
	X	variable d'arbre
	$\exists X.\varphi(\overrightarrow{v_1},...,\overrightarrow{v_k})$	quantification sur les arbres
	$\xi_i[\overrightarrow{\varphi_1}\|...\|\overrightarrow{\varphi_k}]$	variable de récursion d'arité k
	$\alpha = \alpha'$	égalité d'étiquettes
	$\varphi^*(\overrightarrow{v_1},...,\overrightarrow{v_k})$	itération
$\overrightarrow{\varphi}(\overrightarrow{v_1},...,\overrightarrow{v_k})$, $\overrightarrow{\psi}(\overrightarrow{v'_1},...,\overrightarrow{v'_{k'}}) ::=$	formules	
	$\overrightarrow{v}$	tuple de variables syntaxiques
	$(\varphi_1,...,\varphi_k)$	ensemble de tuples de haies
	$\overrightarrow{\varphi} \vee \overrightarrow{\psi}$	disjonction d'ensemble de tuples de haies
	$\mu\overrightarrow{\xi}(\overrightarrow{v_1},...,\overrightarrow{v_k}).\overrightarrow{\varphi}(\overrightarrow{v_1},...,\overrightarrow{v_k})$	plus petit point fixe
	$\psi\|_{\overrightarrow{v_1}\mapsto\overrightarrow{\varphi_1},...,\overrightarrow{v_k}\mapsto\overrightarrow{\varphi_k}}$	substitution de k ensembles de tuples de haies

5.2.2 Sémantique correspondante

Nous considérons $\rho : \mathcal{T} \cup \lambda \longrightarrow \mathbb{H}_{\Lambda\cup\overrightarrow{\mathcal{V}}}$. La valuation $\rho[x \mapsto n]$ est identique à ρ à l'exception de la variable x à laquelle on associe n ; la valuation $\rho[X \mapsto I]$ est définie de manière identique. La valuation δ associe à tout p-uple $\overrightarrow{\xi}(...) = (\xi_1(...),...,\xi_p(...))$ de variables de récursion un ensemble de p-uples de haies de $\mathbb{H}_{\Lambda\cup\overrightarrow{\mathcal{V}}}$: $\delta(\overrightarrow{\xi}(...)) \subset \mathbb{H}^p_{\Lambda\cup\overrightarrow{\mathcal{V}}}$.
Si φ contient les tuples de variables de récursion $\overrightarrow{\xi}^{(1)},...,\overrightarrow{\xi}^{(n)}$, la sémantique de φ est alors

définie par :

$$\llbracket\varphi\rrbracket_{\rho,\delta} = \bigcup_{\overrightarrow{l_1}\in\delta(\overrightarrow{\xi}^{(1)}),\ldots,\overrightarrow{l_n}\in\delta(\overrightarrow{\xi}^{(n)})} \llbracket\varphi\rrbracket_{\rho,\delta'} \text{ où } \delta' = \delta[\overrightarrow{\xi}^{(1)} \mapsto \overrightarrow{l}^{(1)}, .., \overrightarrow{\xi}^{(n)} \mapsto \overrightarrow{l}^{(n)}].$$

L'interprétation d'une formule $\varphi(\overrightarrow{v_1}, ..., \overrightarrow{v_k})$ selon les valuations ρ et δ' est une application $\llbracket\ \rrbracket_{\rho,\delta'}$ qui associe à chaque formule φ un ensemble de tuples de haies sur $\Lambda \cup \overrightarrow{\mathcal{V}}$, défini inductivement par le tableau suivant :

$$
\begin{array}{llll}
\llbracket\varphi(\overrightarrow{v_1}, ..., \overrightarrow{v_k})\rrbracket_{\rho,\delta'} & : & & \\
\llbracket 0\rrbracket_{\rho,\delta'} & = & \{0\} & (\llbracket 1) \\
\llbracket\top(\overrightarrow{v_1}, ..., \overrightarrow{v_k})\rrbracket_{\rho,,\delta'} & = & \mathbb{H}_{\Lambda\cup\overrightarrow{\mathcal{V}}} & (\llbracket 2) \\
\llbracket v\rrbracket_{\rho,\delta'} & = & \{v\} & (\llbracket 3) \\
\llbracket\alpha[\varphi(\overrightarrow{v_1}, ..., \overrightarrow{v_k})\rrbracket_{\rho,\delta'} & = & \{\rho(\alpha)[\sigma]/\sigma \in \llbracket\varphi(\overrightarrow{v_1}, ..., \overrightarrow{v_k})\rrbracket_{\rho,\delta'}\} & (\llbracket 4) \\
\llbracket\varphi(\overrightarrow{v_1}, ..., \overrightarrow{v_k})\mid\psi(\overrightarrow{v'_1}, ..., \overrightarrow{v'_{k'}})\rrbracket_{\rho,\delta'} & = & \{\sigma_1\mid\sigma_2/\sigma_1 \in \llbracket\varphi(\overrightarrow{v_1}, ..., \overrightarrow{v_k})\rrbracket_{\rho,\delta'} \text{ et } \sigma_2 \in \llbracket\psi(\overrightarrow{v'_1}, ..., \overrightarrow{v'_{k'}})\rrbracket_{\rho,\delta'}\} & (\llbracket 5) \\
\llbracket\neg\varphi(\overrightarrow{v_1}, ..., \overrightarrow{v_k})\rrbracket_{\rho,\delta'} & = & \mathbb{H}_{\Lambda\cup\overrightarrow{\mathcal{V}}} \setminus \llbracket\varphi(\overrightarrow{v_1}, ..., \overrightarrow{v_k})\rrbracket_{\rho,\delta'} & (\llbracket 6) \\
\llbracket\varphi(\overrightarrow{v_1}, ..., \overrightarrow{v_k}) \vee \psi(\overrightarrow{v'_1}, ..., \overrightarrow{v'_{k'}})\rrbracket_{\rho,\delta'} & = & \llbracket\varphi(\overrightarrow{v_1}, ..., \overrightarrow{v_k})\rrbracket_{\rho,\delta'} \cup \llbracket\psi(\overrightarrow{v'_1}, ..., \overrightarrow{v'_{k'}})\rrbracket_{\rho,\delta'} & (\llbracket 7) \\
\llbracket\varphi(\overrightarrow{v_1}, ..., \overrightarrow{v_k}) \wedge \psi(\overrightarrow{v'_1}, ..., \overrightarrow{v'_{k'}})\rrbracket_{\rho,\delta'} & = & \llbracket\varphi(\overrightarrow{v_1}, ..., \overrightarrow{v_k})\rrbracket_{\rho,\delta'} \cap \llbracket\psi(\overrightarrow{v'_1}, ..., \overrightarrow{v'_{k'}})\rrbracket_{\rho,\delta} & (\llbracket 8) \\
\llbracket\exists x.\varphi(\overrightarrow{v_1}, ..., \overrightarrow{v_k})\rrbracket_{\rho,\delta'} & = & \bigcup_{n\in\Lambda} \llbracket\varphi(\overrightarrow{v_1}, ..., \overrightarrow{v_k})\rrbracket_{\rho[x\mapsto n],\delta'} & (\llbracket 9) \\
\llbracket X\rrbracket_{\rho,\delta'} & = & \{\rho(X)\} & (\llbracket 10) \\
\llbracket\exists X.\varphi(\overrightarrow{v_1}, ..., \overrightarrow{v_k})\rrbracket_{\rho,\delta'} & = & \bigcup_{I\in\mathbb{H}_{\Lambda\cup\overrightarrow{\mathcal{V}}}} \llbracket\varphi(\overrightarrow{v_1}, ..., \overrightarrow{v_k})\rrbracket_{\rho[X\mapsto I],\delta'} & (\llbracket 11) \\
\llbracket\xi_i^{(j)}[\overrightarrow{\varphi_1}\mid...\mid\overrightarrow{\varphi_k}]\rrbracket_{\rho,\delta'} & = & \{\dagger l_i^{(j)}\dagger(\overrightarrow{\sigma_1}, ..., \overrightarrow{\sigma_k})/\overrightarrow{\sigma_i} \in \llbracket\overrightarrow{\varphi_i}\rrbracket_{\rho,\delta'}\} & (\llbracket 12) \\
\llbracket\alpha{=}\alpha'\rrbracket_{\rho,\delta'} & = & \mathbb{H}_{\Lambda\cup\overrightarrow{\mathcal{V}}} \text{ si } \rho(\alpha)=\rho(\alpha'),\ \emptyset \text{ sinon} & (\llbracket 13) \\
\llbracket\varphi^*(\overrightarrow{v_1}, ..., \overrightarrow{v_k})\rrbracket_{\rho,\delta'} & = & 0 \cup \bigcup_{i>0} \underbrace{\llbracket\varphi(\overrightarrow{v_1}, ..., \overrightarrow{v_k})\rrbracket_{\rho,\delta'}\mid...\mid\llbracket\varphi(\overrightarrow{v_1}, ..., \overrightarrow{v_k})\rrbracket_{\rho,\delta'}}_{i\,fois} & (\llbracket 14) \\
 & & & \\
\llbracket\overrightarrow{\varphi}(\overrightarrow{v_1}, ..., \overrightarrow{v_k})\rrbracket_{\rho,\delta'} & : & & \\
\llbracket\overrightarrow{v}\rrbracket_{\rho,\delta'} & = & \{\overrightarrow{v}\} & (\llbracket 15) \\
\llbracket(\varphi_1, ..., \varphi_k)\rrbracket_{\rho,\delta'} & = & \{\overrightarrow{h}=(h_1, ..., h_k)/h_i \in \llbracket\varphi_i\rrbracket_{\rho,\delta'}\} & (\llbracket 16) \\
\llbracket\overrightarrow{\varphi} \vee \overrightarrow{\psi}\rrbracket_{\rho,\delta'} & = & \llbracket\overrightarrow{\varphi}\rrbracket_{\rho,\delta'} \cup \llbracket\overrightarrow{\psi}\rrbracket_{\rho,\delta'} & (\llbracket 17) \\
\llbracket\mu\overrightarrow{\xi}(\overrightarrow{v_1}, ..., \overrightarrow{v_k}).\overrightarrow{\varphi}(\overrightarrow{v_1}, ..., \overrightarrow{v_k})\rrbracket_{\rho,\delta'} & = & \cap\{S \subseteq (\mathbb{H}_{\Lambda\cup\overrightarrow{\mathcal{V}}})^p/\natural\overrightarrow{\varphi}(\overrightarrow{v_1}, .., \overrightarrow{v_k})\natural_{\rho,\delta'}(S) \subseteq S\} & (\llbracket 18) \\
\llbracket\psi|_{\overrightarrow{v_1}\mapsto\overrightarrow{\varphi_1},...,\overrightarrow{v_k}\mapsto\overrightarrow{\varphi_k}}\rrbracket_{\rho,\delta'} & = & \bigcup_{\tau\in\llbracket\psi\rrbracket_{\rho,\delta'}} \{\dagger\tau\dagger_{\overrightarrow{v_1},...,\overrightarrow{v_k}}(\overrightarrow{\sigma_1}, ..., \overrightarrow{\sigma_k})/\overrightarrow{\sigma_i} \in \llbracket\overrightarrow{\varphi_i}\rrbracket_{\rho,\delta'}\} & \\
 & & \text{si } \llbracket\overrightarrow{\varphi_i}\rrbracket_{\rho,\delta'} \subset (\mathbb{H}_{\Lambda\cup\overrightarrow{\mathcal{V}}})^{p_i}, \emptyset \text{ sinon} & (\llbracket 19)
\end{array}
$$

Cette fois-ci Les formules φ peuvent contenir des tuples de variables de récursion. L'interprétation de ces formules est basée sur la notion de plus petit point fixe d'un opérateur qui prend en compte la présence des ensembles de tuples de variables syntaxiques dans φ. Plus précisement : On associe à une formule $\overrightarrow{\varphi}(\overrightarrow{v_1}, .., \overrightarrow{v_k})$, contenant un p-uple $\overrightarrow{\xi} = (\xi_1, ..., \xi_p)$ de variables de récursion, un opérateur noté $\natural\overrightarrow{\varphi}(\overrightarrow{v_1}, ..., \overrightarrow{v_k})\natural_{\rho,\delta'}$ de $(\mathbb{H}_{\Lambda\cup\overrightarrow{\mathcal{V}}})^p$ dans $(\mathbb{H}_{\Lambda\cup\overrightarrow{\mathcal{V}}})^p$, où $(\mathbb{H}_{\Lambda\cup\overrightarrow{\mathcal{V}}})^p$ représente l'ensemble des p-uples de haies de $\mathbb{H}_{\Lambda\cup\overrightarrow{\mathcal{V}}}$.

$$
\begin{array}{rccc}
\natural\overrightarrow{\varphi}(\overrightarrow{v_1}, ..., \overrightarrow{v_k})\natural_{\rho,\delta'} : & (\mathbb{H}_{\Lambda\cup\overrightarrow{\mathcal{V}}})^p & \longrightarrow & (\mathbb{H}_{\Lambda\cup\overrightarrow{\mathcal{V}}})^p \\
 & \mathcal{L} & \longrightarrow & \mathcal{L}'
\end{array}
$$

défini récursivement par :

$$\begin{array}{lcll}
\natural\vec{\varphi}(\vec{v_1},...,\vec{v_k})\natural_{\rho,\delta'}(\mathcal{L}) & : & & \\
\natural(\varphi_1,...,\varphi_k)\natural_{\rho,\delta'}(\mathcal{L}) & = & \bigcup_{\vec{T}\in\mathcal{L}}\{(h_1,...,h_k)/_{h_i\in\llbracket\varphi_i\rrbracket_{\rho,\delta'[\vec{\xi}\mapsto\vec{T}]}}\}\cup\{(h_1,...,h_k)/_{h_i\in\llbracket\varphi_i\rrbracket_{\rho,\delta[\vec{\xi}\mapsto\emptyset]}}\} & (\natural 1)\\
\natural\vec{\varphi}\vee\vec{\psi}\natural_{\rho,\delta'}(\mathcal{L}) & = & \natural\vec{\varphi}\natural_{\rho,\delta'}(\mathcal{L})\cup\natural\vec{\psi}\natural_{\rho,\delta'}(\mathcal{L}) & (\natural 2)
\end{array}$$

Lorsque chaque occurrence de la variable $\vec{\xi}$ apparait sous un nombre pair de négations, l'opérateur $\natural\vec{\varphi}(\vec{v_1},...,\vec{v_k})\natural_{\rho,\delta'}$ est monotone et continue.
D'après le théorème de Knaster-Tarski, [12] il admet donc un plus petit point fixe dont la valeur est $=\cap\{S\subseteq(\mathbb{H}_{\Lambda\cup\vec{V}})^p/\natural\vec{\varphi}(\vec{v_1},...,\vec{v_k})\natural_{\rho,\delta'}(\mathcal{L})\subseteq\mathcal{L}\}$ ou encore $\bigcup_{i\geq 0}\natural\vec{\varphi}(\vec{v_1},...,\vec{v_k})\natural^i_{\rho,\delta'}(\emptyset)$.

Exemple de calcul du plus petit point fixe

Soit $\vec{\varphi}=\mu\vec{\xi}.((f[\xi_1],g[\xi_2])\vee(a[0],b[0]))$.

$\llbracket\vec{\varphi}\rrbracket_{\rho,\delta'}=\llbracket\mu\vec{\xi}.((f[\xi_1],g[\xi_2])\vee(a[0],b[0]))\rrbracket_{\rho,\delta'}\overset{(\llbracket 18)}{=}\bigcup_{i\geq 0}\natural(f[\xi_1],g[\xi_2])\vee(a[0],b[0])\natural^i_{\rho,\delta'}(\emptyset)$

- *i=0 :* $\mathcal{L}_0=\emptyset$

- *i=1 :* $\mathcal{L}_1=\natural(f[\xi_1],g[\xi_2])\vee(a[0],b[0])\natural^1_{\rho,\delta'}(\mathcal{L}_0)$

  $\overset{(\natural 2)}{=}\natural f[\xi_1],g[\xi_2]\natural_{\rho,\delta'}(\mathcal{L}_0)\cup\natural a[0],b[0]\natural_{\rho,\delta'}(\mathcal{L}_0)$ (1)

  mais

  ∘ $\natural f[\xi_1],g[\xi_2]\natural_{\rho,\delta'}(\mathcal{L}_0)$

  $\overset{(\natural 1)}{=}\{(h_1,h_2)/h_1\in\llbracket f[\xi_1]\rrbracket_{\rho,\delta[\vec{\xi}\mapsto\emptyset]},h_2\in\llbracket g[\xi_2]\rrbracket_{\rho,\delta[\vec{\xi}\mapsto\emptyset]}\}$ (2)

  ∘ $\llbracket f[\xi_1]\rrbracket_{\rho,\delta[\vec{\xi}\mapsto\emptyset]}\overset{(\llbracket 4)}{=}\{f[\sigma]/\sigma\in\llbracket\xi_1\rrbracket_{\rho,\delta[\vec{\xi}\mapsto\emptyset]}\}$ (3)

  ∘ $\llbracket\xi_1\rrbracket_{\rho,\delta[\vec{\xi}\mapsto\emptyset]}\overset{(\llbracket 12)}{=}\emptyset$ (4)

  ∘ $(3)\ et\ (4)\Rightarrow\llbracket f[\xi_1]\rrbracket_{\rho,\delta[\vec{\xi}\mapsto\emptyset]}=\emptyset$ (5)

  ∘ idem $\llbracket g[\xi_2]\rrbracket_{\rho,\delta[\vec{\xi}\mapsto\emptyset]}=\emptyset$ (6)

  ∘ $(2),\ (5)\ et\ (6)\Rightarrow\natural f[\xi_1],g[\xi_2]\natural_{\rho,\delta'}(\mathcal{L}_0)=\emptyset$ (7)

  ∘ $\natural a[0],b[0]\natural_{\rho,\delta'}(\mathcal{L}_0)$

  $\overset{(\natural 1)}{=}\{(h_1,h_2)/h_1\in\llbracket a[0]\rrbracket_{\rho,\delta[\vec{\xi}\mapsto\emptyset]},h_2\in\llbracket b[0]\rrbracket_{\rho,\delta[\vec{\xi}\mapsto\emptyset]}\}$ (8)

  ∘ $\llbracket a[0]\rrbracket_{\rho,\delta[\vec{\xi}\mapsto\emptyset]}\overset{(\llbracket 4)}{=}\{a[\sigma]/\sigma\in\llbracket 0\rrbracket_{\rho,\delta[\vec{\xi}\mapsto\emptyset]}\}$ (9)

  ∘ $\llbracket 0\rrbracket_{\rho,\delta[\vec{\xi}\mapsto\emptyset]}\overset{(\llbracket 1)}{=}\{0\}$ (10)

  ∘ $(9)\ et\ (10)\Rightarrow\llbracket a[0]\rrbracket_{\rho,\delta[\vec{\xi}\mapsto\emptyset]}=a[0]$ (11)

  ∘ idem $\llbracket b[0]\rrbracket_{\rho,\delta[\vec{\xi}\mapsto\emptyset]}=b[0]$ (12)

  ∘ $(8),\ (11)\ et\ (12)\Rightarrow\natural a[0],b[0]\natural_{\rho,\delta'}(\mathcal{L}_0)=\{(a[0],b[0])\}$ (13)

  d'où $(1),(7)\ et\ (13)\Rightarrow$

  $\mathcal{L}_1=\{(a[0],b[0])\}$

- $i{=}2$: $\mathcal{L}_2 = \natural(f[\xi_1], g[\xi_2]) \vee (a[0], b[0])\natural^2_{\rho,\delta'}(\mathcal{L}_0)$

$\overset{(\natural 2)}{=} \natural f[\xi_1], g[\xi_2]\natural_{\rho,\delta'}(\mathcal{L}_1) \cup \natural a[0], b[0]\natural_{\rho,\delta'}(\mathcal{L}_1)$ (1)

mais

∘ $\natural f[\xi_1], g[\xi_2]\natural_{\rho,\delta'}(\mathcal{L}_1)$

$\overset{(\natural 1)}{=} \{(h_1, h_2)/h_1 \in [\![f[\xi_1]]\!]_{\rho,\delta'}, h_2 \in [\![g[\xi_2]]\!]_{\rho,\delta'}\}$ (2)

∘ $[\![f[\xi_1]]\!]_{\rho,\delta'} \overset{([\![4)}{=} \{f[\sigma]/\sigma \in [\![\xi_1]\!]_{\rho,\delta'}\}$ (3)

∘ $[\![\xi_1]\!]_{\rho,\delta'} \overset{([\![12)}{=} a[0]$ (4)

∘ (3) *et* (4) $\Rightarrow [\![f[\xi_1]]\!]_{\rho,\delta'} = \{f[a[0]]\}$ (5)

∘ idem $[\![g[\xi_2]]\!]_{\rho,\delta'} = \{g[b[0]]\}$ (6)

∘ (2), (5) *et* (6) $\Rightarrow \natural f[\xi_1], g[\xi_2]\natural_{\rho,\delta'}(\mathcal{L}_1) = \{(f[a[0]], g[b[0]])\}$ (7)

∘ $\natural a[0], b[0]\natural_{\rho,\delta'}(\mathcal{L}_1)$

$\overset{(\natural 1)}{=} \{(h_1, h_2)/h_1 \in [\![a[0]]\!]_{\rho,\delta'}, h_2 \in [\![b[0]]\!]_{\rho,\delta'}\}$ (8)

∘ $[\![a[0]]\!]_{\rho,\delta'} \overset{([\![4)}{=} \{a[\sigma]/\sigma \in [\![0]\!]_{\rho,\delta'}\}$ (9)

∘ $[\![0]\!]_{\rho,\delta'} \overset{([\![1)}{=} \{0\}$ (10)

∘ (9) *et* (10) $\Rightarrow [\![a[0]]\!]_{\rho,\delta'} = a[0]$ (11)

∘ idem $[\![b[0]]\!]_{\rho,\delta'} = b[0]$ (12)

∘ (8), (11) *et* (12) $\Rightarrow \natural a[0], b[0]\natural_{\rho,\delta'}(\mathcal{L}_1) = \{(a[0], b[0])\}$ (13)

d'où (1) , (7) *et* (13) $\Rightarrow$

$\mathcal{L}_2 = \{(a[0], b[0]), (f[a[0]], g[b[0]])\}$

- $i{=}3$: $\mathcal{L}_3 = \ldots$

Donc $[\![\overrightarrow{\varphi}]\!]_{\rho,\delta'} = \{(a[0], b[0]), (f[a[0]], g[b[0]]), \ldots\ldots\ldots\}$

5.2.3 Quelques exemples

Le langage $\{C[f^n[h^n[a]] \mid g^n[i^n[b]]]/n \geq 0\}$ est ainsi caractérisé par la formule $\Theta \equiv \psi|_{\overrightarrow{v} \mapsto \overrightarrow{\chi}}$ où $\psi(\overrightarrow{v} = (v_1, v_2)) = C[v_1 \mid v_2]$, $\overrightarrow{\chi} \equiv \overrightarrow{\varphi}(a[0], b[0])$ et $\overrightarrow{\varphi}(v_1, v_2) = \mu\overrightarrow{\xi}(v_1, v_2).((f[\xi_1[h[v_1]]], g[\xi_2[i[v_2]]]) \vee (v_1, v_2))$.

Le langage $\{C[j^m[c] \mid f^n[h^k[a]] \mid j^m[c] \mid g^{2n}[i^k[b]] \mid j^m[c]]/m, n, k \geq 0\}$ sera caractérisé par la formule $\Theta \equiv \psi|_{\overrightarrow{v} \mapsto \overrightarrow{\chi}, v_0 \mapsto \varphi}$ où $\psi(v_0, \overrightarrow{v} = (v_1, v_2)) = C[v_0 \mid v_1 \mid v_0 \mid v_2 \mid v_0]$, $\overrightarrow{\chi} = \mu\overrightarrow{\xi}.((f[\xi_1], g[g[\xi_2]]) \vee \overrightarrow{\chi'})$, $\overrightarrow{\chi'} = \mu\overrightarrow{\xi}.((h[\xi_1], i[\xi_2]) \vee (a[0], b[0]))$ et $\varphi = \mu\xi.(j[\xi] \vee c[0])$.

Enfin, la formule $\Theta \equiv \psi|_{\overrightarrow{v} \mapsto \overrightarrow{\chi}, v_0 \mapsto \varphi}$ où $\psi(v_0, \overrightarrow{v} = (v_1, v_2)) = C[v_1 \mid v_0 \mid v_2]$, $\overrightarrow{\chi} = \mu\overrightarrow{\xi}.((f[\xi_1], g[\xi_2]) \vee (a[0], b[0]))$ et $\varphi = \mu\xi.(h[\xi] \vee c[0])$, caractérise le langage $\{C[f^n[a] \mid h^k[c] \mid g^n[b]]/n, k \geq 0\}$.

Interprétations

- $[\![\varphi]\!]_{\rho,\delta'} = [\![\mu\xi.(h[\xi] \vee c[0])]\!]_{\rho,\delta'} = \{c[0], h[c[0]], h[h[c[0]]], ...\}$
- $[\![\overrightarrow{\chi}]\!]_{\rho,\delta'} = [\![\mu\overrightarrow{\xi}.((f[\xi_1], g[\xi_2]) \vee (a[0], b[0]))]\!]_{\rho,\delta'} = \{(a[0], b[0]), (f[a[0]], g[b[0]]), ...\}$
- $[\![\psi(v_0, \overrightarrow{v} = (v_1, v_2))]\!]_{\rho,\delta'} = [\![C[v_1 \mid v_0 \mid v_2]]\!]_{\rho,\delta'} \overset{([\![4)}{=} \{C[\sigma]/\sigma \in [\![v_1 \mid v_0 \mid v_2]\!]_{\rho,\delta'}\}$ mais
  - ▷ $[\![v_1 \mid v_0 \mid v_2]\!]_{\rho,\delta'} \overset{([\![5)}{=} \{\sigma_1 \mid \sigma_0 \mid \sigma_2/\sigma_i \in [\![v_i]\!]_{\rho,\delta'}\}$
  - ▷ $[\![v_i]\!]_{\rho,\delta'} \overset{([\![3)}{=} \{v_i\}$

  Donc $[\![\psi(v_0, \overrightarrow{v} = (v_1, v_2))]\!]_{\rho,\delta'} = C[v_1 \mid v_0 \mid v_2]$
- $[\![\Theta]\!]_{\rho,\delta'} \equiv [\![\psi|_{\overrightarrow{v}\mapsto\overrightarrow{\chi}, v_0\mapsto\varphi}]\!]_{\rho,\delta'} \overset{([\![19)}{=}$
  $\{\dagger C[v_1 \mid v_0 \mid v_2]\dagger_{\overrightarrow{v},v_0}((a[0], b[0]), c[0]), \dagger C[v_1 \mid v_0 \mid v_2]\dagger_{\overrightarrow{v},v_0}((a[0], b[0]), h[c[0]]), ...,$
  $\dagger C[v_1 \mid v_0 \mid v_2]\dagger_{\overrightarrow{v},v_0}((f[a[0]], g[b[0]]), c[0]), \dagger C[v_1 \mid v_0 \mid v_2]\dagger_{\overrightarrow{v},v_0}((f[a[0]], g[b[0]]), h[c[0]]), ...\}$
  mais
  - ▷ $\dagger C[v_1 \mid v_0 \mid v_2]\dagger_{\overrightarrow{v},v_0}((a[0], b[0]), c[0]) \overset{(\dagger 3)}{=} C[\dagger v_1 \mid v_0 \mid v_2\dagger_{\overrightarrow{v},v_0}((a[0], b[0]), c[0])]$
  - ▷ $\dagger v_1 \mid v_0 \mid v_2\dagger_{\overrightarrow{v},v_0}((a[0], b[0]), c[0]) \overset{(\dagger 4)}{=}$
    $\dagger v_1\dagger_{\overrightarrow{v},v_0}((a[0], b[0]), c[0]) \mid \dagger v_0\dagger_{\overrightarrow{v},v_0}((a[0], b[0]), c[0]) \mid \dagger v_2\dagger_{\overrightarrow{v},v_0}((a[0], b[0]), c[0])$
  - ▷ $\dagger v_1\dagger_{\overrightarrow{v},v_0}((a[0], b[0]), c[0]) \overset{(\dagger 2)}{=} a[0]$
  - ▷ $\dagger v_0\dagger_{\overrightarrow{v},v_0}((a[0], b[0]), c[0]) \overset{(\dagger 2)}{=} c[0]$
  - ▷ $\dagger v_2\dagger_{\overrightarrow{v},v_0}((a[0], b[0]), c[0]) \overset{(\dagger 2)}{=} b[0]$

  d'où $\dagger C[v_1 \mid v_0 \mid v_2]\dagger_{\overrightarrow{v},v_0}((a[0], b[0]), c[0]) = C[a[0] \mid c[0] \mid b[0]]$
  de même nous obtenons
  $\dagger C[v_1 \mid v_0 \mid v_2]\dagger_{\overrightarrow{v},v_0}((a[0], b[0]), h[c[0]]) = C[a[0] \mid h[c[0]] \mid b[0]]$
  $\dagger C[v_1 \mid v_0 \mid v_2]\dagger_{\overrightarrow{v},v_0}((f[a[0]], g[b[0]]), c[0]) = C[f[a[0]] \mid c[0] \mid g[b[0]]]$
  $\dagger C[v_1 \mid v_0 \mid v_2]\dagger_{\overrightarrow{v},v_0}((f[a[0]], g[b[0]]), h[c[0]]) = C[f[a[0]] \mid h[c[0]] \mid g[b[0]]]$

  Donc $[\![\Theta]\!]_{\rho,\delta'} = \{C[a[0] \mid c[0] \mid b[0]], C[a[0] \mid h[c[0]] \mid b[0]], ...,$
  $C[f[a[0]] \mid c[0] \mid g[b[0]]], C[f[a[0]] \mid h[c[0]] \mid g[b[0]]], ...\}$

Et pour finir...

Nous avons étendu la syntaxe et la sémantique de la logique TQL, afin de pouvoir exprimer des contraintes plus sophistiquées, sur les arbres à arités non bornées.

L'objectif est de prouver que le mécanisme de récursion avec des variables à arités non nulles permet d'exprimer des contraintes des langages algébriques et que le mécanisme de récursion avec des tuples de variables autorise des récursions simultanées dans les haies et ainsi permet d'exprimer des contraintes des langages synchronisés.

Bibliographie

[1] J. Arnold, I. Guessarian, *Mathématiques pour l'Informatique*, EdiScience, Belgique 2005.

[2] L. Cardelli, G. Ghelli, *A Query Language for Semistructured Data Based on the Ambient Logic*, 2000.

[3] J. Chabin, J. Chen, P. Réty, *Combining Synchronized and Context-Free Tree-Tuple Languages*, 2006.

[4] H. Comon, M. Dauchet, R. Gilleron, C. Löding, F. Jacquemard, D. Lugiez, S. Tison, M. Tommasi, *Tree Automata Techniques and Applications*, Available on : http ://www.grappa.univ-lille3.fr/tata, 2007.

[5] E. Filiot, J. M. Talbot, S. Tison, *Satisfiability of a Spatial Logic with Tree Variables*, 2007.

[6] F. Gire, *Intégration des Données Semi-Structurées, Cours M2 SID*, Université Paris 1, 2007-2008.

[7] V. Gouranton, P. Réty, H. Seidl, *Synchronized Tree Languages Revisited and New Applications*, 2001.

[8] C. Jacquemin, *Logique et Mathématiques*, Masson, Paris 1994.

[9] S. Limet, *Représentation des langages de n-uplets d'arbres par des programmes logiques et application*, 2005.

[10] S. Limet, P. Réty, *E-Unification by Means of Tree Tuple Synchronized Grammars*, 1997.

[11] S. Limet, G. Salmzer, *Manipulating Tree Tuple Languages by Transforming Logic Programs*, 2003.

[12] J. W. Lloyd, *Fondements de la Programmation Logique*, Editions EYROLLES, Paris 1988.

[13] L. Mounier, *Notes de Cours*, Université Joseph Fourier - Polytech Grenoble, 2006-2007.

[14] P. Réty, *Langages Synchronisés d'Arbres et Applications*, 2001.

[15] J. M. Talbot, *Model-Checking pour les Ambients : des Algèbres de Processus aux Données Semi-Structurées*, 2005.

[16] J. Zahnd, *Logique Elémentaire*, Presses polytechniques et universitaires romandes, suisse 1998.

www.ingramcontent.com/pod-product-compliance
Lightning Source LLC
LaVergne TN
LVHW042348060326
832902LV00006B/476
* 9 7 8 6 1 3 1 5 3 1 2 2 4 *